U0690587

地方市政债法律制度研究

陈青鹤 著

湖南师范大学出版社

图书在版编目（CIP）数据

地方市政债法律制度研究 / 陈青鹤著. —长沙：湖南师范大学出版社，
2018. 5

ISBN 978 - 7 - 5648 - 3223 - 0

Ⅰ.①地… Ⅱ.①陈… Ⅲ.①地方财政—基础设施—债券—研究—中
国 Ⅳ.①F832.7②F832.51

中国版本图书馆 CIP 数据核字（2018）第 084085 号

地方市政债法律制度研究

Difang Shizhengzhai Falü Zhidu Yanjiu

陈青鹤 著

◇组稿编辑：李 阳
◇责任编辑：李 进
◇责任校对：李 航
◇出版发行：湖南师范大学出版社
 地址/长沙市岳麓山 邮编/410081
 电话/0731 - 88873071 88873070 传真/0731 - 88872636
 网址/http：//press. hunnu. edu. cn
◇经销：新华书店
◇印刷：湖南雅嘉彩色印刷有限公司
◇开本：710mm×1000mm 1/16
◇印张：10.5
◇字数：200 千字
◇版次：2018 年 5 月第 1 版 2018 年 5 月第 1 次印刷
◇书号：ISBN 978 - 7 - 5648 - 3223 - 0
◇定价：48.00 元

凡购本书，如有缺页、倒页、脱页，由本社发行部调换。
本社购书热线：0731 - 88872256 88872636
投稿热线：0731 - 88872256 13975805626 QQ：1349748847

摘　要

地方市政债是地方政府为了实现公共利益，在确需借债时依法举借的、主要用于公益性资本支出并向债权人履行给付义务的法律行为。地方市政债法律制度就是以调整地方政府借债、用债、还债行为关系为中心的法律规范的总称，它对地方政府债务行为的规范运行、债权人债权利益的实现以及多元主体监管效力的强化具有重要的保障意义，并最终实现社会公共利益的价值目标。

地方市政债肇始于美国并已经被众多国家作为大规模公共资本项目融资的重要渠道。学者特米纳森的研究结果显示，通过法律制度实现对地方市政债务行为的规范管理模式正逐渐被越来越多的国家所肯定和采用。2014 年 3 月 16 日，中共中央和国务院联合颁布了《国家新型城镇化规划（2014—2020 年）》，对地方市政债服务于新型城镇化建设提出了新时期的要求。2014 年至今，我国以新《预算法》为根据共出台了六部规范性法律文件，地方市政债法律制度体系基本得以形成。但是，由于我国地方市政债法制发展的晚近性，地方市政债法制规范与美国、日本等国家的先进做法相比仍需完善。2017 年 3 月 5 日，李克强总理在十二届全国人大五次会议所做的2017 年政府工作报告中进一步提出了"防风险"对"确保经济社会稳定大局"的重要性，强调了"规范地方政府举债行为"在"继续推进财税体制改革"中的重要地位，这也需要地方市政债法律制度做出进一步回应。地方市政债法律制度研究就是在上述时代背景和学术背景下展开的。

地方市政债作为债的一种表现形式具有自身的法律特征和法律性质。在法律特征上，既不同于民法之债又不同于国债。在法律性质上，首先地方市政债作为一种私法之债，具有民法之债的基本属性。但是德国维尔纳·弗卢梅教授指出，公共机构（政府）以私主体身份实施的行为（如借贷等）一旦旨在实现社会公共利益，该行为就具有了公法性质，应被称为行政私法行为。由于地方市政债集中表现为地方政府债务行为的集合且该行为旨在实现社会公共利益，所以地方市政债本质上应为公法之债并在此基础上具有行政私法之债的属性。

地方市政债的特殊性使地方市政债法律制度也具有自身的界定和构成，而地方市政债法律制度研究需要综合运用公共选择理论、财政职能理论、地方自治理论以及国家适度干预理论进行论证，它们为我国地方市政债法律制度存在的必要性、地方政府借债权的确立、地方市政债公益性资本支出法定基本范围的确定等都提供了必要的理论支撑。我国地方市政债法律制度的完善还需要借鉴别国的先进做法。以美国、日本、法国、印度为代表的域外典型国家在地方市政债法律制度方面既具有共性特征，也存在各自特点，为我国地方市政债法律制度的研究提供了全面而丰富的内容。但是，"内因是事物变化发展的根据，外因是事物变化发展的条件"，地方市政债法律制度深处于我国具体国情中。本书通过制度变迁研究路径对新中国成立以来地方市政债法律制度的发展进行了考察，其存在的制度背景、制度内容等方面特征为我国地方市政债法律制度分析提供了比较内容。

结合域外典型国家的先进做法以及我国地方市政债法制变迁的历史规律，我国现行地方市政债法律制度在取得进步的同时仍然存在不足之处。这种不足主要表现为三方面的问题，包括地方市政债借债法制规范有待完善；地方市政债用债法制规范有待明确以及地方市政债偿债法制规范有待健全。本书通过对上述问题的解析进一步提出了完善对策。在地方市政债借债法制规范的完善方面，提出健全地方政府信息披露法制监管体系和地方政府信用评级法制监督体系；改善中央政府严格借债审批监管模式以及确立地方人大年度借债审批监督制度等建议。在地方市政债用债法制规范的明确方面，先后对地方市政债公益性资本支出界定、公益性资本支出法定基本范围的确定及其具体项目遴选机制的确立提出了建议。在地方市政债偿债法制规范的健全方面，建议应确立明确而灵活的偿债方式；建立偿债准备金的偿债保障制度；完善地方市政债偿债违约责任的制度内容；改进地方市政债偿债危机下

"中央政府不救助"原则。

　　综上，地方政府债务行为规范构成了地方市政债法律制度的核心内容。地方市政债法律制度作为地方政府债务行为的高度规范性指引，是"中国特色社会主义法治体系"的重要内容。本书的研究就是通过对我国地方政府债务行为法制规范相关问题的分析以实现我国地方市政债法律制度的完善。

　　关键词：新型城镇化；地方市政债；地方政府；债务行为；法律制度

Abstract

The local municipal debt is a legal act that in order to achieve the public interest, the local government raises a loan mainly used for public welfare capital spending in accordance with the law when necessary, and performs its payment obligations to the creditors. The legal system of local municipal debt is the generic terms of legal norms to adjust the borrowing, using and repaying of local government as the center, and it is of great significance for regulating the debt behavior of local government, realizing the interests of creditors and strengthening the regulatory effectiveness of multiple subject, and ultimately to achieve the value of the social and public interests.

The local municipal debt began in the United States and it has been regarded as an important channel from which many countries achieve large-scale public capital project financing. The scholar Ter-Minassian's research shows that the management model to regulate local municipal debt behavior according to law is gradually affirmed and adopted by more and more countries. On March 16, 2014, the CPC central committee and the state council jointly issued *the National New-type Urbanization Planning* (2014—2020), which put forward the requirement about how local municipal debt services new-type urbanization construction in the new period. Since 2014, our country has introduced six normative legal documents based on the new "budget law", and the basic legal system of local municipal debt has began to form. However, due to the later development in China, the legal norms of local municipal debt still need to improve, compared to the advanced practice from the United States, Japan and other countries. On March 5, 2017, Chinese Premier Li Keqiang further put forward the importance of "risk prevention" "to ensure economic and social stability", emphasized the important position of "regulating the debt behavior of local government" in "continuing to reform the fiscal and taxation system" in 2017 government work report of the Fifth Session of the 12th National People's Congress, which also requires the legal system of local municipal debt to make further response. The research on the legal system of local municipal debt is just based on the above time background and academic background.

As a form of "debt", the local municipal debt possesses its own characteristics and legal attribute. In the aspect of legal characteristics, they are not only different from debt of *Civil Law*, but also different from national debt. In the aspect of legal attribute, as a form of "debt" of private law, local municipal debt has basic attribute as well as the debt of *Civil Law*. But Doctor Werner Flume from German pointed out that once the behavior (borrowing etc.) of public institution (government) as private main body is to achieve public benefit, it has the attribute of the public law, and it should be called administrative private behavior. The local municipal debt mainly involves the debt behavior of local government and the purpose of the behavior is to achieve the social and public interests, so the local municipal debt essentially has the attribute of the debt of public law and further has the attribute of the debt of administrative private law.

The particularity of local municipal debt makes legal system of local municipal debt has its own definition and composition, and it is necessary to study on the legal system of local municipal debt, with the integrated use of public choice theory, fiscal function theory, local self-government theory and state appropriate intervention theory, which provides the necessary theoretical support for the necessity of research on the legal system of local municipal debt in China, further improvement of borrowing rights subject, determination of local municipal public capital spending, etc. We also need to learn from foreign advanced practice in order to perfect the norms of China's local government debt behavior. Foreign typical countries represented by the United States, Japan, France, India either have common characteristics, or have their respective characteristics in terms of the legal system of the local municipal debt, which provides a rich content for the perfection of the legal system of China's local municipal debt. However, "internal cause is the basis of things' change and development, while external cause is the situation of things' change and development. " The legal system of local municipal debt is rooted in the specific national conditions of China. In this book, the development and change of legal system of the local municipal debt since the establishment of People's Republic of China are studied through research path of institutional change, and its characteristics in terms of the existing institutional background, institutional content, etc. provide comparative content for analyzing legal system of local municipal debt in China.

Combined with the advanced practice of typical countries and the historical law of changes of legal system on local municipal debt in China, the current legal system of local municipal debt still has deficiency while making progress. The deficiency is characterized by the following three aspects, including incomplete borrowing rules of local municipal debt; indefinite rules for using local municipal debt; imperfect repayment rules of local municipal debt. This book further puts forward some countermeasures to improve by resolving the above problems. In the aspect of perfection of legal system of local municipal debt with borrowing, it is suggested that legal supervision system of information disclosure and credit rating of local government should be completed; the examination and approval regulation mode of borrowing strictly of central government should be improved and the examination and approval regulation system of annual borrowing of the Local People's Congress should be established etc. In the aspect of definite using rule of local municipal debt, the definition of public capital spending of local municipal debt and the determination of legal basic scope of public capital spending as well as establishment of its specific projects selection mechanism are suggested one after another. In the aspect of perfection of the legal norms of local municipal debt repayment, it is suggested that clear and flexible repayment way should be established; repayment guarantee system of debt service reserve should be established; repayment default liability system of local municipal debt should be perfected; "central government no-helping" principle in the repayment crisis should be improved.

To sum up, the norms of debt behavior of local government constitute the core content of the legal system of local municipal debt. The legal system of local municipal debt as the highly normative guidance on debt behavior of local government, is the important content of "the socialist legal system with Chinese characteristics". The research of this book is to perfect legal system of local municipal debt in China, by analyzing related issues of legal norms of debt behavior of local government.

Key Words: New-type urbanization; Local municipal debt; Local government; Debt behavior; Legal system

目　录

绪　论

一、研究背景

早在 1812 年，美国纽约就首次发行了地方市政债，美国也因此成为地方市政债的起源国。① 由美国开始，地方市政债已经成为诸多国家地方政府进行大规模公共资本项目建设的主要筹资渠道，而通过地方市政债法律制度来规范地方市政债务行为已经被越来越多的国家所认同。②

---

① 参见周沅帆. 城投债——中国式市政债券 [M]. 北京：中信出版社，2010：Ⅵ.

② Ter-Minassian T. 将国外地方市政债的管理模式分为四种，包括行政约束型（administrative constrains）、市场约束型（market discipline）、共同协商型（cooperative arrangements）以及制度控制型（rule-based controls）。行政约束型是中央政府直接运用行政手段对地方政府市政债务进行事前、事中、事后的管理，包括对地方市政债务实行年度限额管理、对单笔借款进行审查和授权、集中管理全部政府债务资金等。该种模式适合各级政府间联系较为紧密的国家，单一制国家通常采取这种模式。采用这种模式的主要代表国家有日本、法国等国。日本目前虽然仍以行政控制为主，却正向着制度约束型管理模式转变。在这种变革之前，日本对各地方政府发行债券实行严格的"审批制"，即地方政府原则上不允许借债，只有经中央政府审批后方可借债。在这种变革之后，日本严格的"审批制"转变为"协商制"，地方政府借债必须首先经过地方议会的批准，然后与中央政府就相关问题进行协商，总务大臣审核地方政府的财政情况及债务的安全程度以确保地方政府债务的安全性。市场约束型是市场机制在地方债务资金的供给和需求中起约束作用，中央政府不对地方市政债务管理作出具体规定。当地方政府有借债需要时，能通过市场机制自行借债；而投资者也可以通过在掌握债务人债务相关信息的基础上决定是否购买债券和购买债券的数量或者在发生债务风险等紧急情况时选择卖出债券，从而使地方政府加强自身的债务行为约束。市场约束型模式适用于经济较为发达、市场化程度较高、金融市场和信息技术较完备的工业化国家。加拿大和新西兰是采用这种模式的典型国家。加拿大省级政府借债不受宪法或联邦政府的限制，只需要在借债前由一个或多个国际投资机构评定其可授信债务额度，所以其是否能够借债以及借债额度直接受金融市场控制。而省以下地方政府借债则受到省政府的行政控制。新西兰中央政府对地方政府借债行为则没有做出具体规定，基本没有什么限制，其市场化约束程度较为彻底。共同协商型是地方政府与中央政府就宏观经济目标和财政收入、支出增减变动或地方政府融资限制等关键性问题达成一致，然后在协商一致的基础上实现债务自我管理。就市场的重要作用而言，共同协商型与市场约束型最为接近，例如在借债的过程中根据市场情况制定不同的债务期限等。在这种模式下，中央政府会设立专门的债务管理机构负责债务管理以及中央政府和地方政府的协调工作。共同协商型管理模式有助于加强中央政府与地方政府之间以及地方政府之间的沟通和交流，但是这种模式适用于财政约束较好、节俭意识较强的国家。丹麦和澳大利亚等国家主要采用这种模式。制度控制型就是通过规定明确的法律条文对地方市政债务进行管理，包括规定地方政府借债方式、借债总额、偿债资金来源、限制地方政府债务资金用途、限定借债渠道等内容；也通常在相关法律中用量化指标的方式对债务偿付比率等进行规定。这种模式有利于减少中央政府与地方政府的讨价还价，增强债务管理的公平性和透明度。美国、巴西、南非、印度等国家都采用这种模式。例如，美国建立了州与地方政府债务管理法律框架；巴西在法律制度中通过制定量化指标对债务进行约束；南非对市级政府借债做出了详细的规定。此部分内容参见 Ter-Minassian T. Fiscal Federalism in theory and practice [M]. International Monetary Fund, 1997：157 – 175. 李萍. 地方政府债务管理：国际比较与借鉴 [M]. 北京：中国财政经济出版社，2009：23 – 27.

我国地方市政债从建国初期开始就成为地方政府进行经济建设的重要筹资手段，并形成了计划经济时期的地方市政债法律制度体系。但是受国家债务理念和国际环境的影响，1968 年开始我国地方市政债及其法律制度的发展出现了停滞不前的状态。改革开放后，囿于国内经济形势的影响和 1994 年《预算法》对地方政府借债的严格限制，我国地方市政债法律制度仍然延续了 1968 年以来的状态，直至 1998 年以国债转贷为开端，地方市政债及其法律制度才出现了逐渐发展的趋势。可见，与以美国为代表的地方市政债法制发展历史长且较为完善的国家相比，我国地方市政债法律制度的发展较为晚近，这也成为围绕此制度进行研究的比较性客观背景。

2013 年 11 月 15 日，党的十八届三中全会在《中共中央关于全面深化改革若干重大问题的决定》中明确指出要"建立规范合理的中央和地方政府债务管理及风险预警机制"，对地方市政债的规范化管理提出了要求。2014 年 3 月 16 日，中共中央和国务院在联合出台的《国家新型城镇化规划（2014—2020 年)》（以下简称《新型城镇化规划》）中对地方市政债服务于我国新时期新型城镇化建设给予了肯定，指出应"积极稳妥扎实有序推进城镇化对全面建成小康社会、加快社会主义现代化建设进程、实现中华民族伟大复兴的中国梦"。《新型城镇化规划》在第二十五章中指明，允许地方政府通过发行市政债券，拓宽城市建设融资渠道，从而逐步建立多元化、可持续的城镇化资金保障机制。2016 年 2 月 2 日国务院出台了《关于深入推进新型城镇化建设的若干意见》（以下简称《国发〔2016〕8 号意见》），其中对我国地方市政债服务于新型城镇化建设提出了进一步的安排，即"允许有条件的地区通过发行地方政府债券等多种方式拓宽城市建设融资渠道。省级政府举债使用方向要向新型城镇化倾斜"。可见，地方市政债已经成为解决我国新型城镇化进程中资金保障问题的重要筹资渠道，而地方市政债法律制度的发展和完善也必将成为这一进程的必要手段。2014 年至今，我国地方市政债法律制度的发展已经对上述规范化要求和新型城镇化发展的需要给予了积极的回应。

2014 年 8 月 31 日，我国出台的新《预算法》第一次对我国市场经济条件下的地方市政债进行了法律层级的规范。2014 年 9 月 21 日国务院依据新《预算法》对地方市政债的法律规范出台了具体的配套性规范文件，即《关于加强地方政府性债务管理的意见》（以下简称《国发〔2014〕43 号意见》）。2014 年 9 月 26 日国务院又将《国发〔2014〕43 号意见》的主要内容纳入到规范性法律文件中，即《国务院关于深化预算管理制度改革的决定》（以下简称《国发〔2014〕45 号决定》），以行政法规的形式对地方市政债进行了更为规范的管理。在此基础上，财政部分别于 2015 年和 2016 年又陆续出台了四部部门规章，包括《地方政府一般债券发行管理暂行办法》（《财库〔2015〕64 号暂行办法》）；《地方政府专项债券发行管理暂行办法》（《财库〔2015〕83 号暂行办法》）；《地方政府一般债务预算管理办法》（《财预〔2016〕154 号办法》）以及《地方政府专项债务预算管理办法》（《财预〔2016〕155 号办法》）。无疑的是，这些规范性法律文件是国债转贷时期以来地方市政债法制发展的必然成果，也为规范地方政府借用还的债务行为提供了一定程度的法律依据。但是，正如前所述，与地方市政债法制发展较为成熟的国家相比，我国地方市政债法制发展的晚近性以及国家发展道路的新时期特点都决定了有必要对我国地方市政债法律制度进行进一步系统研究。2017 年 3 月 5 日，李克强总理在十二届全国人大五次会议所做的政府报告中对 2017 年政府工作提出了"贯彻稳中求进工作总基调，保持战略定力"的要求，其中"防风险"是"确保经济社会大局稳定"的重要内容。该报告还强调了 2017 年政府的重点工作任务，其中将"规范地方政府举债行为"作为"继续推进财税体制改革"的重要环节。可见，对地方市政债法律制度继续进行深入研究也是对新时期政府工作要求的回应。

二、研究目的与意义

法律行为作为法律制度存续的关键因素对其研究将有助于法律秩序的建立和维护。[①] 本书欲图以规范地方政府借债、用债、还债行为为中心，在借鉴域外典型国家法制经验的基础上，以我国现行地方市政债法律制度为样本深入分析我国地方政府在市政债务行为中存在的法律问题并探寻其解决路径，以期为我国地方市政债法律制度的完善提供一种法律思维方式和理论研究进路。地方市政债法律制度的研究具有以下重要意义：

---

① 参见张文显. 法理学［M］. 北京：高等教育出版社，2011：101.

一方面，地方市政债法律制度的研究有助于进一步规范我国地方政府借债、用债、偿债行为，从而为新型城镇化建设中的资金需求提供法律保障。从地方市政债的现行立法规范来看，虽然以新《预算法》为依据的一系列规范性法律文件对地方政府债务行为作出了规范，但是诸如公益性资本支出的界定和法定基本范围等问题仍有待进一步研究和解决。

另一方面，地方市政债法律制度的研究有助于我国公债法律制度的完善。按照借债主体的不同，公债分为中央政府公债（国债）和地方政府公债，也即地方公债或地方市政债。① 中央政府公债（国债）是以中央政府组织财政收入的形式发行的，其收入列入中央政府预算，作为中央政府调度使用的资金。地方公债是地方政府为筹措财政收入资金发行的，所得收入列入地方预算，由地方政府安排调度的资金。改革开放后，由于我国地方市政债的发展比之于国债较为滞后，所以公债在很大程度上体现为国债，公债法律制度也主要表现为国债法律制度，而研究公债的学者们也通常将国债等同于公债进行研究，或只对国债进行了主要研究。② 地方市政债法律制度无论从基本理论还是到立法现实都存在诸多争议观点、内容模糊等问题而有待于进一步分析。所以，地方市政债法律制度的研究对于弥合公债法律制度的整体性不足具有重要意义。

---

① 地方市政债和地方公债具有等同的涵义，只不过二者称谓指代的侧重点有所不同。地方市政债可简称为市政债，发源于美国，市政债券（municipal bond）是其主要表现形式。"市政债"这一名词主要强调了债的用途，即市政建设（城市化建设），如本书在第三部分所述，它是随着美国的城市化进程发展而来的。而地方公债，也即地方政府公债，主要强调了债务主体为地方政府。《当代中国经济大辞库》按照公债的发行主体，将公债分为国家公债和地方公债。前者指中央政府举借的债务；后者指由地方政府为弥补地方财政亏空，或兴办地方公共设施而举借的债务。参见万立明. 中国共产党公债政策的历史考察及经验研究［M］. 上海：上海人民出版社，2015：4. 另外，如下文所述，我国也有学者们从债的表现形式出发，将地方公债又称为地方政府债券。不管何种称谓，都是学者们从不同角度出发得出的同一结论，即地方市政债（券），即地方公债（券）或地方政府债务（券）。本书认为，鉴于我国新型城镇化城市建设的发展需要，"地方市政债"这一用词更符合新时期的国情背景。

② 具体可参见肖鹏. 公债管理［M］. 北京：北京大学出版社，2010. 张雷宝. 公债经济学——理论·政策·实践［M］. 浙江大学出版社，2007. 张海星. 公共债务［M］. 大连：东北财经大学出版社，2008. 冉富强. 美国州宪法公债控制的方式、实效及启示［J］. 政治与法律，2011（9）：32－42.

三、文献综述

（一）国外文献综述

1. 地方市政债的基本理论问题研究

关于地方市政债的基本理论方面，国外学者主要集中于对政府（地方政府）借债的正当性问题研究，主要表现为政府公债理论学说和财政联邦主义学说。

政府公债理论根据其演变历史体现为三种学说：政府公债有害说、政府公债有益说以及政府公债折中说。首先，政府公债有害说认为政府借债是有百害而无一利的。法国财政学者吉恩·博丹在《国家论》一书中指出，公债是造成王室财政危机的主要原因。古典经济学派代表人物亚当·斯密在《国富论》中论述了公债问题。其在观察到政府或君主将公债用于战争支出时提出了公债助长战争的有害论观点。大卫·李嘉图在《政治经济学与赋税原理》一书中运用等价定理（Ricardian equivalence theorem）指出，公债不是净财富，无非是延迟的税收，在具有完全理性的消费者眼中，债务和税收是等价的。让·巴蒂斯特·萨伊根据法国发行公债的经验坚持反对政府借债，认为政府借债不但由于资本被消费而造成反生产的效果，而且因为以后每年还要付利息，给国家造成很大负担。其次，政府公债有益说提出了与上述学说相反的观点。随着资本主义进入垄断阶段，尤其是 1929—1933 年世界经济危机的爆发，客观上要求资本主义国家放弃传统的健全财政政策，而采取积极地克服经济危机的政策。以凯恩斯为代表的现代凯恩斯学派提出了和公债有害论完全相反的看法。英国经济学家约翰·梅纳德·凯恩斯为资本主义国家全面干预社会经济生活提出了一系列的政策主张，而利用公债实现社会总供给和总需求的平衡，克服资本主义经济的周期波动就是其重要组成部分。凯恩斯主义学者保罗·A. 萨缪尔森指出，只有在公债的增加没有相应形成政府的资本或导致私人资本的减少，以及这种公债是由外国借入而又不能形成足以还本付息的生产的情况下，公债才能实际代表一种负担，否则公债就不像某些人说的那样是压在国家肩上的石块而使人民承受负担。最后，公债折中说认为政府借债既有有利的一面，同时也存在弊端。德国新历史学派的代表人物阿道夫·瓦格纳提出了公债的双重效应。一方面从保持原有的财政秩序的愿望出发，其赞同继续维持传统的平衡预算收支的财政政策；另一方面，他又从满足膨胀财政支出的需要出发，主张用举借公债的办法来弥补预算赤字。此外，他也指出，应当根据财政支出的不同性质，决定筹措财政经费的不同方法，也即凡属于经常性财政支出，必须以税收方式筹集；凡属于临时性的财政支出，则可用举借公债的方式筹集。

财政联邦主义分为两个阶段的理论学说，第一代（传统）财政联邦主义理论学说和第二代财政联邦主义理论学说。前者的代表人物主要有蒂布特、斯蒂格勒、马斯格雷夫以及奥茨。第一，蒂布特在《一个关于地方支出的纯理论》一文中将"看不见的手"引申到地方性公共产品提供的分析中来，用蒂布特模型（Tiebout model）或者说"用脚投票"（voting with feet）理论分析了地方政府提供地方性公共产品的有效性问题。其认为，由各地方政府分别提供地方性公共产品不仅有助于揭示出社会成员对地方性公共产品的需求偏好，而且不同地方政府分别提供地方性公共产品而形成的政府间竞争还可以促进地方政府提高运作效率，更好地提供本地区居民所需要的地方性公共产品。第二，斯蒂格勒的理论贡献在于提出了地方政府存在的必要性的两条基本原则，进而说明由地方政府来进行资源配置比中央政府更有效率。他在《地方政府功能的有理范围》中提出了这两条原则：一则，与中央政府相比，地方政府更接近于自己的民众，地方政府更了解它所管辖公民的效用与需求；二则，一国国内不同的人们有权对不同种类和不同数量的公共服务进行投票表决。这就说明了地方政府的存在是为了更有效地配置资源，进而实现社会福利的最大化。第三，马斯格雷夫首次按照消费上的非竞争性和非排他性划分公共物品和私人物品，并以此为基础提出了财政的三大职能：维持宏观经济稳定、收入再分配和资源配置，其中地方政府在前两项职能方面有明显的局限性，其主要职能应在于资源配置。奥茨在马斯格雷夫有关政府部门作用的理论基础上认为，分权的财政体制有着令人难以置信的功能上的优势，每一个财政制度都具有某种程度的联邦的成分，财政联邦主义对于所有财政制度都具有参考价值，并指出在联邦体制下，地方政府的功能是根据当地居民的偏好提供公共服务产品，为此地方债务财政可能发挥极其重要的作用。

上述为传统的财政联邦主义（也即第一代财政联邦主义）对地方政府

存在的必要性和可行性所作出的理论分析。随着世界范围内分权化财政体制改革的推进，以钱颖一、温格斯特为代表的新财政联邦主义，也即第二代财政联邦主义，对上述理论进行了丰富和延伸。该理论在肯定"用脚投票"、政府竞争等传统理论的基础上强调了中央与地方政府间信息不对称的现实作用，认为最优的公共决策分别在信息不完全与信息完备的情况下是非常不同的。由于地方政府更接近其选民，可以更切实地了解本地居民多样化的偏好，从而能更好地满足居民的需求。此外，地方政府在公共支出决策中，能够根据本地的资源状况，掌握支出项目的真实成本，从而提高决策的合理性。

小结：以上就地方政府借债的正当性基础问题国外学者提供了较充分的理论根据。

一方面，就政府公债理论学说而言，不管是政府公债有益说、政府公债有害说还是政府公债折中说，三者都是学者们在特定历史时期下提出的理论主张，均有其合理性和局限性。但是相比较而言，政府公债折中说为地方政府借债提供了一种较为合理的理论基础和思想进路，即要求地方政府虽然可以借债，但是必须保持审慎借债、适度借债的行为界限。

另一方面，就财政联邦主义理论学说而言，财政联邦主义理论虽然滥觞于西方国家，但是正如奥茨所言，任何国家的财政制度都会或多或少体现出联邦性的特征，只是由于各国政治、经济、文化等具体国情不同，使财政联邦体制在各国的表现具有差异性。① 我国虽然为单一制的国家结构形式，但是财政联邦主义所强调的地方政府的重要性理念值得我们进一步思考。

2. 地方市政债的制度构建与实践问题研究

关于地方市政债的制度构建与实践方面，特米纳森介绍了世界范围内地方市政债管理的四种模式，即行政控制型、市场约束型、共同协商型和制度控制型，并指出这四种模式通常被各国进行选择性的混合使用。伯德和塔沙妮在总结加拿大经验的基础上指出，加拿大对地方市政债的管理在不同政府层级间存在着完全不同的管理模式。在联邦政府和省级政府的关系中，省级

---

① 参见［美］华莱士·E. 奥茨. 财政联邦主义［M］. 陆符嘉，译. 南京：译林出版社，2012：7.

政府拥有绝大多数重要的社会支出、征税权限以及借债决策权，但其中市场的约束作用非常明显。但是加拿大省级政府和省以下地方政府之间是委托代理关系，在借债上实行上级政府对下级政府严格的行政控制。伯德和阿曼德就上述模式运用的有效性得出了不同的结论。前者认为中央政府对地方政府进入资本市场借债进行事前的行政控制十分必要；而后者认为，应该对地方政府的借债行为施以合理的制度安排而并非需要中央政府进行严格的行政监管。耐西以美国为例，认为严格的宪法限制对于控制以征税权为担保的一般责任债务具有显著效果，而对于整体州政府的负债没有产生实质效果。布里福特则分析了美国市政债宪法控制缺乏实质效果的原因。一则，美国法院对市政债的宪法约束缺乏回应，宪法的财政限制并没有像"言论自由""宗教自由""隐私权"等内容能够引起法院的足够重视；二则，某些州法院会对财政限制的公共项目的目的表示同情；三则，政治因素在某些时候会干扰宪法财政限制的实际价值。波特巴通过分析美国州财政制度与市政债券市场的关系指出，法律的严格程度与负债成本成反向相关，并主要通过风险的中间作用表现出来。对于投资者而言，法律规定越严格，购买市政债券的风险越低，随即会对投资者产生强烈的投资偏好，债券利率也就越低，从而降低地方政府借债成本。该学者还得出地方市政债券发行成本与对应的法制约束力度也成反比的结论。也就是说，当相关法律对地方市政债券的约束力越大，与之对应的债券发行成本也就越低；如果相关法律对市政债券的约束力越小，其债券发行成本就越高。皮特森和米拉以南非、波兰等国为例分析了地方市政债在新兴市场国家运用的可行性，指出新兴国家为了应对城市化基础设施建设巨大的资金需求，可以借鉴美国的市政债模式，通过自身制度创新建立符合国情的市政债制度。

还有多位学者对地方政府偿债危机处置制度进行了研究。有学者就地方政府偿债危机下的上级政府救助问题进行了分析。英曼在介绍美国联邦政府和地方政府的财政历史经验后指出，要控制财政援助必须同时满足多种条件，包括有力的政党领导、竞争性的地方市政债券市场、完善的财政体制、合理的借债动机、制度性的破产标准以及管理制度的正确激励等。他认为缺少上述一项或几项条件都将导致地方政府拖欠债务和上级政府财政援助的发生。雷登介绍了巴西 20 世纪 80 年代后期至 90 年代灾难性的财政援助，认为低水平的分级以及以市场为基础的监管机制很容易失败。同时指出中央政府的软弱对巴西三次债务危机产生了严重的影响。州政府对中央政府的过分期待（中央政府的软弱性造成的）和实际掠夺形成了"掠夺性的联邦主义"模式。魏茨和帕普对地方政府偿债危机下破产制度的构建给予了肯定的观点。他认为地方政府破产规则可能对经济转型国家具有特殊意义，有利于激发处于拥有一定自主权初期的地方政府的审慎借债意识。

此外，雷登认为巴西在解决债务危机中颁布的新的财政责任法最有价值之处在于增强了地方政府的透明度，促进了信息开放，加强了各级政府的受托责任。所以，对地方财政实现规范约束的最好方法在于选民能够从所介绍的事件中吸取教训并掌握信息，以及对那些财政监管的政治家们实施激励。

关于地方市政债的实践研究方面，学者海德森通过对美国市政债 25 年的发展历程进行分析认为，美国市政债券市场整体情况良好，其在为政府基础设施建设融资方面发挥了重要作用。

小结：实践证明，无论是发达国家还是发展中国家，地方政府借债已经成为一种普遍现象，对地方政府债务行为的约束管理也成为各国关注的问题。美国作为发达国家的代表和地方市政债法制约束的成熟典范为我国地方市政债法律制度的研究提供了较为充实的范例内容，其依靠完善的法制约束实现了对地方政府债务行为规制的良好效果。此外，一国的层级机制、市场机制以及民主机制作用的发挥也对地方政府债务行为起到了重要的规范、监督和管理作用。

（二）国内文献综述

1. 地方市政债的基本理论问题研究

关于地方市政债界定问题的研究，我国学者主要从地方市政债的表现形式对市政债券进行了界定。何德旭、高伟凯认为市政债券又称地方政府债券或地方公债，是与中央政府债券（国债）相对应的概念，并分别从债券发行主体、发行对象、发行目的以及偿债来源四个层面进行了界定。余晨阳、邓敏捷认为，市政债券也称为地方政府债券，主要从债券发行主体、偿债信用保障两个方面进行了界定。谢多主要从发行主体、偿债来源、发债用途对市政债券进行了定义。①

关于地方政府借债适于我国国情的必要性和可行性问题的研究，对此部分内容国内学者主要从宏观和微观两个层面展开了多角度的分析。贾康、李炜光认为我国分税制改革的推进、城市政府缓解财政压力的迫切需求以及金融市场的规范化进程都需要地方市政债的发行，并且其发行的一系列基本条件已经具备。闫敏一方面分析了我国发行地方市政债的必要性，认为其顺应了城镇化发展的资金需要，有助于深化财政分税体制改革以及规范地方政府的融资行为；另一方面也指出我国资本市场的发展、中介机构的完善、城乡居民高额储蓄余额以及地方政府强烈的借债冲动均为地方市政债的推行奠定了基础。余晨阳、邓敏捷通过分析税收、土地财政、地方政府融资平台以及公私合营这四种融资渠道的缺陷认为，地方市政债券作为一种融资方式是我国进行城市化融资的必要性选择，并且民间资本对金融产品的强烈需求以及我国金融市场的逐渐完善也为地方市政债的发行提供了保证。杨毓认为我国未来新型城镇化的发展战略需要融资方式的创新，而发行地方市政债有利于为该战略的实现提供有效的资金支持并有助于改善资本投资期限错配、降低土地财政依赖以及实现地方政府债务的显性化约束。

小结：一方面，就地方市政债的定义研究而言，其缺乏统一的概括范式和内容要素。我国学者多从债券的表现形式出发，将地方市政债指称为市政债券，通过对不同范围和不同要素的分析对其进行了界定。另一方面，对于我国地方政府借债的必要性和可行性问题的研究，我国学者结合我国的具体国情，从宏观和微观的角度进行了较充分的分析。

---

① 何德旭、高伟凯认为市政债券又称地方政府债券或地方公债，是与中央政府债券（国债）相对应的概念。它是以政府税收或其所属项目收益为偿债来源，根据本地区社会经济发展状况和资金短缺程度，由地方政府及其授权机构或代理机构发行的，在承担还本付息责任的基础上，按照有关法律的规定向社会发行的债务凭证。何德旭、高伟凯. 中国债券市场：创新经济与发展策略 [M]. 北京：中国财政经济出版社，2007：72. 余晨阳、邓敏婕认为市政债券，即地方政府债券，是以地方政府信用作为担保，由地方政府或其授权的代理机构发行，在一定期限内还本付息的债券。余晨阳，邓敏婕. 市场债券：城镇化融资的新渠道 [J]. 学术论坛，2013（3）：137. 谢多认为市政债券一般是由地方政府或其授权机构发行，以政府税收等一般财政收入或特定项目收益作为偿债来源，主要用于城市基础设施建设的债券。谢多. 市场债券融资实用手册 [M]. 北京：中国金融出版社，2015：13.

2. 地方市政债务行为规范问题的研究

关于我国地方政府过度借债行为动机问题的研究，一些学者认为这是我国既有制度环境的激励作用。郭维真、章江益、王柏杰等学者将该种制度环境归结于我国财政体制的问题。其指出，自 1994 年分税制改革以来，收入上移和支出下移的财税体制使地方政府的收入和支出产生了巨大矛盾，为了缓解财政压力，地方政府被动实施了过度借债行为。龚强、王俊、贾坤认为应将我国现行财政分权制度与法制环境、宏观经济制度等因素结合起来考量地方政府过度借债问题。唐云锋、王柏杰等学者指出，我国现行的政治体制是地方政府过度借债的主要原因，其认为行政集权化的政治体制和 GDP 经济目标下的官员考核制度都为地方政府过度借债行为提供了政治激励。另有学者认为，我国地方政府官员"利己主义"的价值选择对地方政府过度借债行为起到了内在激励作用。王柏杰指出，地方政府官员在"经济人"假设的前提下具有"利己主义"的价值判断，从而有盲目扩大支出的行为倾向，进而导致了地方政府过度借债。

小结：对此问题的研究我国众多学者从地方政府过度借债行为产生的内因和外因两方面进行了较为全面的论述，其中对地方政府过度借债制度背景的研究，诸多学者从多个角度展开了单独分析或交叉研究。

关于地方市政债举借主体地位的研究，我国多数学者主要从地方政府借债权的角度进行了分析。地方市政债作为地方政府举债融资来源的有效途径和地方政府财政收入的组成部分，其与一国的财政分权体制密切相关，地方政府借债权限的赋予是其合法通过市政债融资的前提。1994 年的分税制财政体制改革确立了我国"一级政府、一级事权"的财政体制框架，在确保中央财权、财力加强的基础上却导致了地方政府事权与财权、财力的矛盾。伴随着我国城镇化进程的快速发展以及旧预算法对地方政府借债权的严格限制，使得在城镇化进程中扮演着重要角色的地方政府不得不进行突破既有法制约束的隐性借债行为进而不断累积了地方政府性债务的潜在风险，也使众多学者逐渐关注是否应明确赋予地方政府借债权以及地方政府借债权主体的选择问题。虽然，我国新《预算法》在一定程度上赋予了省级地方政府的借债权限，但是国内学者关于地方政府借债权问题的讨论一直方兴未艾。

在新预算法实施以前多数学者认为应赋予地方政府适当借债权。黄桦认为，我国在国债方面已经积累了丰富的理论和实践经验，对发行地方债具有指导作用，并且国债的积极作用毋庸置疑。随着市场经济的发展，在财政体制改革重建之时，我国应允许具备条件的地方政府（省级政府）以发行地方公债（债券）的方式筹措必要的建设资金。《地方公债与地方经济的发展》课题组指出，在我国分税制改革已经为地方政府借债确立体制基础的前提下，应适当赋予地方政府（限于省级政府）借债权，使其通过发行地方公债（债券）的方式获得地方建设资金以增强地方财政的宏观调控能力、提高资金的使用效率，有助于实现当时国家实行的积极财政政策。邓晓兰、廖凯认为我国地方公债发行主体的选择应采取渐进式的发展路径，首先应确立大城市或省一级政府的发行主体资格，待政治、财政体制等改革成果进入较成熟的阶段时应放开县一级政府发债主体资格。李金龙、章彤通过对美日发达国家地方政府借债权的考察认为，虽然我国地方政府存在财权和事权划分不清、地方政府债务风险加大等问题，但是分税制的基本建立和现行市场经济体制的不断完善已经为地方政府借债奠定了基础。席月民认为地方市政债券有利于完善分税制下中央和地方的关系，缓解地方政府的财政困境。魏加宁指出允许地方政府借债就理论而言符合公平、效率原则并有利于改善宏观调控；就现实而言有助于为地方政府打开融资渠道，规范地方政府借债行为。此外，少数学者认为暂时不宜赋予地方政府借债权。刘华等认为，我国地方政府借债的制度保障是独立的财政权、分税制和地方政府的约束，在以上制度基础不完备的前提下不宜赋予地方政府发债权。刑会强认为由于政府职能改革的不到位和相关法律的缺位，不能贸然赋予地方政府借债权。刘剑文认为虽然赋予地方政府借债权具有保障区域公共产品有效供给等积极因素，但是鉴于欧债危机的教训和我国地方债务的急剧上升，由于现实财政紧急状态机制等配套制度仍显缺失，所以赋予地方政府借债权可能导致巨大的财政风险。

在诸多学者关于地方政府借债权的激烈争辩声中，新《预算法》最终确立了省级地方政府有条件的借债权。但是，随后有学者认为不应仅赋予省级地方政府借债权。朱大旗指明，市县政府作为地方公共产品的主要提供者和市政建设的主要参加者也应被赋予借债权，进而解决事权与财权相匹配的问题。华国庆、汪永福认为我国在相关文件中明确的省级政府代市县政府借债的规定虽然有中央代地方政府借债的先验例证并且易于操作，但是就应然层面而言，其无益于市县政府财政自主权的实现以及借债的权责统一。就实然层面而言又会造成财权、财力的上移进而加大市县政府事权和支出责任的压力。所以，应赋予省以下政府适当的借债权。

另有学者对我国地方政府融资平台的借债权主体问题进行了分析。随着新《预算法》及相关配套措施的出台，省级地方政府被赋予明确的借债权限，地方政府举债行为主体资格正逐渐被纳入正式的法制化范畴。根据《国发〔2014〕45 号决定》的规定，地方政府融资平台必须剥离政府融资职能。所以，地方政府融资平台的存续及其法律地位问题仍有必要展开进一步研究。我国学者就地方政府借债权问题进行了较多的研究，只有少数学者对地方政府融资平台的借债权主体资格问题进行了分析。大公国际资信评估有限公司课题组通过分析地方政府融资平台的历史作用和主体特征主张在对其进行分类转型的基础上借鉴市政债成熟国家的经验，将一部分融资平台转型为地方政府融资服务管理者作为政府专门机构发行政府专项债券或项目收益债券。李经纬认为，虽然地方政府融资平台自产生以来导致了地方政府性债务的累积风险，但是其源于我国经济发展对公共设施建设的迫切需求且对我国地方经济的发展起到了积极的促进作用。公私合营（PPP）模式尽管可以成为为公共建设项目融资的模式，但是基于公共设施的性质以及面对收益不足以覆盖项目还本付息的情况下，政府信用仍然会参与其中。地方政府融资平台自产生以来虽然从形式上表现为企业，但其实质却以公共服务为实际职能表现，而这也正是政府职能形式的一种延伸。所以，地方政府融资平台应在分类解决的原则下进行重新定位，将半覆盖型准公益融资平台转型为隶属于地方政府的公营机构，在政府授权下具有发行收益型地方市政债券的主体资格。

关于地方市政债举借模式问题的争论，谢群介绍了德、日、瑞等国家地方政府联合借债模式的经验，结合我国国情分析了我国采用该模式的必要性和可能性并提出了相关建议。朱小川对此问题提出了相反的意见。他认为联合借债模式因涉及不同的地方政府责任、资信、评级等一系列复杂问题，暂时不适合我国市政债市场的需要。

关于地方市政债举借对象问题的分析，马骏认为我国应建立一套个人购买和持有地方市政债的体制，通过居民尤其是当地居民购买其所在地的债券可以凭借债权人身份进行有效监督并纠正地方政府的财政行为。谢多介绍了美国市政债市场的投资人结构。与机构投资者相比个人投资者成为其最大的投资主体且一般为本地普通居民。而美国的税收优惠法律制度为个人投资者市场地位的取得提供了有效激励条件并使之起到了监督地方政府的作用。所以，我国市政债也可以此为鉴在发展机构投资者的同时发挥市政债个人投资的近距离约束作用。

关于地方市政债使用行为规范问题的研究，我国学者仅从地方政府债务支出纳入预算管理的间接规范角度提出了初步的建议性观点，而并没有对与地方政府使用行为直接相关的规范问题进行研究。例如，王雍君认为我国欲实现全面的中期预算平衡机制可先以中期资本支出的预算约束为突破口并简要介绍其实现的关键部分。

关于地方市政债偿债危机处置问题的研究，一方面表现为对中央政府是否应予救助问题的争论。陈曦、于国龙和霍志辉通过对我国中央政府与地方政府关系的分析认为，在行政集权和经济分权的体制作用下，地方政府债务违约行为对中央政府强烈的政治冲击以及中央政府救助行为所可能引发的巨大道德风险构成中央政府是否救助地方政府的主要权衡因素，并构建了两种权衡因素的指标评价体系。周小付、黄圣认为中央政府事后有条件的救助符合财政分权的中国特色。他指出基于我国财政分权与行政集权相伴而生的现实，中央政府实施事后有条件地救助是值得肯定的。华国庆认为，我国中央政府在必要情况下仍应当对地方政府予以救助。他从国际经验和国内既有制度条件两方面进行了对比阐释。就国际经验而言，欲实现地方政府的偿债刚性应具备三个基本条件：独立的财权、完备的地方政府破产制度以及能够有效遏制地方政府借债冲动的外部约束制度。与此相反，我国地方政府既缺少独立的财权，也缺乏地方政府借债制度的外部性硬约束，而且地方政府破产制度的缺位也会使地方政府自担违约责任无法落实。所以，他认为虽然从长远看中央政府承担兜底责任弊多利少，但是在当前条件下中央政府对地方政府的偿债违约行为可以在先行代为偿还的基础上通过对地方政府制定严格的约束制度对其违约行为进行事后制约，如制定偿债计划、减少财政转移支付等。而马俊等认为我国在地方政府发生债务危机时，上级政府代为偿债的做法是不可取的，应借鉴美国的地方债务预警机制实现对地方政府偿债违约行为风险的判断，并引入债务重组程序作为违约行为的事后处置方式。

另一方面表现为我国地方政府是否能够破产的争论。刘胜军等通过对美国地方政府典型破产案例的分析指明，地方政府破产法律制度有助于对债权人和债务人形成双重约束机制，事后财政重组程序有助于地方政府公共服务能力的恢复，这已经成为世界成熟经济体的普遍做法。他认为正是地方政府相信自身永不破产的观念导致其债台高筑。所以，我国应在恰当的时机建立地方政府破产法律制度。熊伟也提出政府破产的实质是一种债务重整的积极制度措施，并不是使地方政府崩溃而丧失提供公共服务的能力，待我国地方政府财政独立性的时机成熟时，就可以推行地方政府破产制度。杨开忠、荣秋燕解构了美国地方政府破产法律制度，分析了导致美国地方政府破产的内外部经济因素及其破产的制度背景，最后通过对美国地方政府破产影响的利弊分析认为其积极影响大于消极影响，其作为通过地方政府破产化解偿债危机的一种成功手段可以为我国所借鉴。王珺、盛琰认为我国当前就有必要通过制定《政府破产法》约束地方政府举债行为，可以通过立法技术的设计克服地方政府破产的不利影响，并对我国《政府破产法》进行了实体和程序的法制设计。周小付、黄圣对我国地方政府破产问题提出了相反的看法。他从我国公民对政府的意识形态和地方政府建制制度两方面否定了其破产的可行性。

小结：我国学者针对上述两个问题展开了分别论述，并对此形成了多种递进式的观点。首先，就中央政府对地方政府偿债危机下的救助问题形成了两种观点，即有条件救助和不得救助；其次，就地方政府破产问题提出了三种观点，即完全不能破产、暂时不能破产和现实可以破产。

3. 地方市政债务行为监管问题的研究

关于地方市政债务行为市场监管问题的研究，我国学者主要从信息披露和信用评级两方面制度的完善进行了分析。蒋媛认为，2014 年 5 月起地方政府债券自发自还试点存在信息披露程度低、披露差异大、关键信息不透明的问题，所以应进一步规范地方政府信息披露行为。杨珊通过对我国 2014 年有关地方债发行信用评级行政法规的考察，指明其在立法层次、法律适用及法律责任三方面的不足并提出了相应的解决对策。傅智辉分析了我国信用评级行业发行人付费和投资人付费模式的双重弊端，认为应采用中央财政统一采购信用评级机构服务机制以保证评级服务的公平性和有效性。

关于地方市政债务行为层级监管问题的研究，我国学者主要对地方政府借债前的事前层级监管问题进行了分析。谢平、黄显林利用讨价还价模型描述了我国地方政府借债审批权在央地政府间的博弈过程，结合地方政府借债审批的制度变迁过程提出应逐步下放借债审批权的建议。傅智辉认为我国由中央政府集中借债审批权有碍于地方政府借债效率，应针对不同债券类型（一般收益债券、收益债券）采取分别执行中央审批和交易商协会以及证监会审核（或注册）的监管模式，实现层级监管和市场监管的分类结合。

关于地方市政债务行为民主监督问题的研究，朱大旗就新《预算法》中地方政府发债审批监管问题进行了简要分析，认为仅赋予地方人大就地方政府举债的预算调整权而非年度预算审批权将不利于地方人大监督作用的发挥。华国庆、汪永福认为地方人大债务预算审批权是关系地方政府借债纳入预算监督的核心问题，虽然新《预算法》第48条规定了地方人大对地方债预算的审查权，但是其与地方人大常委会预算调整审批权难以协调。

小结：我国多数学者从市场机制、层级机制以及二者的配置模式三方面对地方政府债务行为监管进行了阐述。在市场监管方面侧重分析了我国信息披露、信用评级两种金融监管工具的制度缺陷及完善路径；在层级监管和民主监督方面则着重研究了中央政府和地方人大在发行审批和预算审批环节的不足并提出了完善的制度进路。

此外，我国学者还对地方市政债务行为规范的立法模式问题进行了研究，陈怡西一方面基于政府间财政关系对地方政府自主发债的重要性分析指出我国应制定《政府间财政关系法》规范央地政府间的财政收支划分关系和管理权限；另一方面，其基于地方政府债务行为本身的风险问题认为应对其进行单独的立法设计。熊伟认为我国应首先制定《财政收支划分法》厘清中央政府和地方政府的财政收支范围，并在此基础上制定《财政转移支付法》，这两部法律构成地方政府自主借债并自主承担偿债责任的制度保障。此外，立法机关还应对地方政府债务行为建立专门的立法规范，加强地方政府债务管理。华国庆也指出，由于新《预算法》和《国发〔2014〕43号文件》对地方政府相关债务行为规定的过于原则且主要偏重风险管理，所以应首先制定一部专门法律——《公共债务法》用以规范地方政府债务行为。其次，应修改《宪法》、制定《财政基本法》，实现中央政府与地方政府事权和财政收支关系的合理界分。

小结：我国多数学者为规范地方政府债务行为提供了多方位的立法框架，大多数学者主张在对地方政府债务行为的规范方面应在专门立法的基础上完善包括宪法在内的其他相关法律制度。

综上所述，我国学者就地方市政债借债主体地位、地方政府借债的必要性和可行性以及相关具体法律制度进行了不同层次的分析和展望，其中部分研究成果已经纳入以新《预算法》为代表的法律制度体系中，对于我国地方市政债法律制度体系的建立和完善起到了重要的推动作用。但是，上述研究成果尚显不足，关于我国地方市政债法律制度的研究应注意以下问题：

一方面，就地方市政债的基本理论研究而言主要表现为地方市政债法律制度本体研究的不足，包括对地方市政债缺乏统一的法律界定，地方市政债在功能、法律性质等方面都有待于进一步深入分析。

另一方面，就地方市政债具体的法律制度而言，相关学者虽然提供了诸多研究地方市政债法律问题的学术信息，但其突出问题却表现为制度分析和设计的分散性、争议性以及具体问题发现和解决的多、乱、杂等，并未有以规范地方政府债务行为为中心的协调、统一的整体性法律制度研究。就我国地方市政债的可持续发展而言，以规范地方政府债务行为为中心的地方市政债法律制度的研究并不是就问题而解决问题的短期行为，欲使其真正发挥效能必须在深入研究基本理论的基础上实现法律制度的规范性、整体性、协调性，平衡各方利益主体法律行为关系，实现依良法而治、良法善治的法治机制。

四、研究思路

本书从法律行为的分析角度出发，主要以地方政府借债、用债、偿债的市政债务法律行为为中心线索展开论证。地方市政债的基本理论是本书研究的基础。本书从地方市政债的界定出发，分别对其法律特征、法律性质及其法律制度界分、构成和意义进行了分析，经由地方市政债法律制度理论基础的基础上，对典型国家（美国、日本、法国和印度）地方市政债法制经验进行了剖析并得出了其有益于我国法制借鉴的共性和个性特征。通过对我国地方市政债法制变迁的制度内容考察和路径分析着重研究了我国现阶段地方政府债务行为法制规范问题，并在文章最后针对相关问题提出了我国地方市政债法律制度的完善对策。

本书主要由绪论和 5 个章节组成。

绪论主要包括 6 个部分，即研究背景、研究目的与意义、国内外文献综述、研究思路、研究方法、论文的创新与不足。

第 1 章概述了地方市政债法律制度的基本理论。本章首先从地方市政债释义出发，分析了何为地方市政债，这也是研究地方市政债法律制度的前提和逻辑起点。在此基础上，本章进一步分析了地方市政债的法律特征，研究了地方市政债的法律性质，阐明了地方市政债法律制度定义、构成和意义。在地方市政债的法律特征方面，本章主要分析了地方市政债区别于民法之债和国债的法律特征；在地方市政债的法律性质方面，本书认为地方市政债具有私法（民法）之债的基本属性，具有公法之债的本质属性，具体应为行政私法之债；在地方市政债法律制度的意义方面，本章论述了地方市政债法律制度在保障地方政府债务行为规范运行、债权人债权利益的实现以及多元主体监管效力的强化三方面的意义。本章在最后研究了地方市政债法律制度的理论基础问题。其中将公共选择理论、财政职能理论、地方自治理论以及国家适度干预理论作为地方市政债法律制度的理论依据。

第 2 章对典型国家地方市政债法律制度进行了考察。地方市政债作为地方政府筹资建设的重要融资手段已经被世界诸多国家广泛采用。本章在此处主要以美国、日本、法国和印度四国地方市政债借、用、还行为法制规范为研究对象，以期为我国地方市政债法律制度的研究提供有益借鉴。

第 3 章介绍了新中国成立至今地方市政债法律制度变迁与现状。我国地方市政债法律制度的历史发展从新中国成立至今经历了曲折的变化过程。建国初期（1950—1961 年），我国就建立了地方市政债法律制度，经历了法制初创阶段和法制框架的形成阶段。但是在 1968—1984 年间，由于我国禁止地方政府借债，所以地方市政债法律制度的发展出现了停滞。从 1985—1997 年，由于我国严格限制地方政府借债，所以我国地方市政债法律制度仍然存在空白，直到 1998 年国债转贷时期的到来地方市政债法律制度才进入重新发展的阶段。此后，我国地方市政债法律制度又经历了中央代发代还阶段和地方市政债试点自发自还阶段，直到 2014 年至今以新《预算法》为标志基本形成了地方市政债法律制度体系。本章在考察地方市政债不同历史阶段法制内容和特征的基础上，以我国六部与地方政府借债、用债和还债行为规范直接相关的规范性法律文件为样本对地方市政债法律制度的现状进行了阐述。

第 4 章对我国地方市政债法律制度问题进行了解析。首先，存在地方市政债借债法制规范不完善的问题，包括地方政府融资平台借债权法制规范效力位阶有待提升；地方政府信息披露法制监管体系和地方政府信用评级法制监督体系不健全；中央政府借债审批监管模式过于严格以及地方人大年度借债审批监督制度有待确立。再次，存在地方市政债用债法制规范不明确的问题，包括地方市政债公益性资本支出界定不明；地方市政债公益性资本支出法定基本范围有待确定以及地方市政债公益性资本支出具体项目缺乏确定机制。最后，存在地方市政债偿债法制规范不完善的问题，包括缺乏明确而灵活的偿债方式；地方政府偿债保障制度缺失；地方政府偿债违约责任不明确以及地方政府偿债危机下"中央政府不救助"原则的适用困境。

第 5 章提出了我国地方市政债法律制度完善对策。本章首先将地方市政债法律制度的价值目标作为地方市政债法制完善的指导思想并分析了地方市政债专门性法制创设的必要性问题，在此基础上提出了我国地方市政债法律制度的完善对策。在地方市政债借债法制规范的完善方面主要包括以下内容，即地方政府融资平台借债权法制规范效力位阶的提升；地方政府信息披露法制监管体系和地方政府信用评级法制监督体系的健全；中央政府严格借债审批监管模式的改善和地方人大年度借债审批监督制度的确立。在地方市政债用债法制规范的明确方面主要包括三方面内容，即地方市政债公益性资本支出的界定、公益性资本支出法定基本范围的确定及其具体项目遴选机制的确立。在地方市政债偿债法制规范的完善方面主要包括的内容为：确立明确而灵活的偿债方式，建立偿债准备金的偿债保障制度，完善地方市政债偿债违约责任的制度内容，地方市政债偿债危机下"中央政府不救助"原则的改进。

五、研究方法

（一）规范分析的方法

规范分析是法学的基本研究方法，也是法学研究首先应立足的研究方法。本书主要在第1章和第5章运用了此种分析方法。在第1章中对地方市政债释义、地方市政债法律性质以及地方市政债法律制度意义的分析中都运用了这种方法。在第5章中对地方市政债法律制度价值目标的研究和制度完善的设计也遵循了此种方法。

（二）比较分析的方法

市场经济改革以来，我国地方市政债法律制度的发展经历了一个渐进式的发展过程。虽然我国以新《预算法》和《国发〔2014〕45号决定》文件为依据对地方市政债进行了总体性的法制规范，但是与对地方市政债早有实践经验的域外国家而言还存在一定差距，其先进做法值得我们分析和借鉴。所以，本书在第2章主要介绍并分析了典型国家（美国、日本、法国、印度）地方市政债务行为法制规范经验，以期为我国地方市政债法律制度的构建与完善提供有价值的参考。

（三）实证分析的方法

实证分析是经济学的主要分析方法之一。实证分析有别于价值分析，是一种可以证实的研究方法。一方面，本书采用了定量分析的研究方法，如第3章和第4章通过数据分析为地方市政债的法制研究提供了依据和基础；另一方面，本书主要在第4章和第5章采用了制度样本分析的研究方法，以新中国成立至今中央和地方有关地方市政债规范性法律文件的制度样本为依据，对我国地方市政债法律制度进行了研究。

六、本书的写作难点与主要创新之处

（一）本书的写作难点

本书的难点主要在于域外典型国家的选择及其地方市政债务行为法制规范的分析和借鉴。由于世界范围内众多国家采用了通过地方市政债的形式取得财政收入，而地方市政债法律制度的研究又与一国的政治、经济、财政等多种复杂因素紧密相关。所以，如何在这些国家中选择可供我国分析和值得借鉴的对象就成为此处行文中的难点。

（二）本书的主要创新之处

　　本书的主要创新之处主要包括三个方面：在研究方法上，本书从法学和市政学等多个角度对地方市政债进行了界定；在研究观点上，地方市政债被普遍认为具有公法之债的属性，本书在此基础上提出其还应进一步具有行政私法之债的属性；在研究内容上，第一，从地方政府债务行为的规范运行、债权人债权利益的实现以及多元主体监管效力的强化三方面阐述了地方市政债法律制度的意义；第二，本书从目的性价值和手段性价值两个维度分析了地方市政债法律制度的价值目标。

第一章
地方市政债法律制度的基本理论

第一节　地方市政债释义

一、债的界说

定义："作为一种文字上的启示，它主要是标明界限或使一种事物与其他事物区别开来的问题，即通过一个区隔语来给出语言上的解说。"① 欲对地方市政债进行界定进而厘清与其他相关概念的关系，可以从这一词组的逻辑结构出发进行分解剖析。债作为这一词组的中心词，首先明确其定义和内涵无疑对理解地方市政债具有直接影响。

"债"这个词的拉丁词源为"obligation"，其词根为"lig"，本意是拘束的意思。② 在我国古代，债也被称为"责"，有赊欠的意思。③ 对于何为债，中外学者主要有两种学说，即债务人本位说和债权人本位说。

债务人本位说起源于罗马法时代。罗马法中的"obligation"一词即为债，保罗认为："债的本质不在于我们取得某物的所有权或者获得役权，而在于其他人必须给我们某物或者做或履行某事。"④《法学阶梯》一书中将债称为"法锁"，认为债是"根据我们国家的法律，我们因之而有必要履行

---

① ［美］哈特. 法律的概念［M］. 张文显，等，译. 北京：中国大百科全书出版社，2003：13.

② 转引自王利明. 债法总则研究［M］. 北京：中国人民大学出版社，2015：4.

③ 转引自王利明. 债法总则研究［M］. 北京：中国人民大学出版社，2015：5.

④ ［意］彼得罗·彭梵得. 罗马法教科书［M］. 黄风，译. 北京：中国政法大学出版社，1992：284.

某种义务"①。作为债之法律概念的源起，罗马法从义务本位出发对债进行了界定，认为在依法成立的债之关系中，同债权人请求之权利相比债务人的义务处于首要地位。罗马法关于债的义务本位说被 1804 年《法国民法典》所继承，其虽然没有对"债"的明确界定，但其中若干条款均以债务人履行义务作为规范债之法律关系的重心。②

普鲁士王朝法学家萨维尼也认为债的本质应坚持债务人本位。他指出在债的关系中，虽然既有债权人关系，也有债务人关系，但是后者较之前者更具有根本性，"因为存于债务人方面的行为必要性构成了债的真正本质。……债权人的活动或者根本不存在，或者表现为次要而从属的方式"③。在这种行为必要性中，债务人行为既是债之关系产生的基础，也是债权人行为实现的前提，没有债务人履行义务的行为就不会有债之关系的产生和债权人行为的开始。龙卫球教授也对上述观点表示赞同。他认为在债的关系中，虽然债权也处于重要的地位，但是其根本作用不过是实现促进债务积极履行终极目标的一种手段。④ 王利明教授在对债的特征论述中也指出，债虽然包括了对债权人和债务人两方的拘束内容，但是按照一般理解，债务人的特定行为是债的唯一内容。⑤

债权人本位说源于德国学者对 1900 年《德国民法典》中债之规范的解读。例如，德国学者梅迪库斯在其著述的《德国债法总论》中突出强调了《德国民法典》第 241 条的首要地位，并在对债之内容的论述中将"债权实现"以标题形式出现。⑥ 此后受该种学说的影响，日本学者和中国台湾学者也多有认同。例如，日本学者石板、鸠山、我妻荣等学者都在其相关著作中以"债权"的字样命题;⑦ 我国台湾学者王泽鉴也认为："债者，指特定当

①　转引自王利明. 债法总则研究 [M]. 北京：中国人民大学出版社，2015：4.

②　例如，《法国民法典》第 1101 条对合意之债的界定为："契约为一种合意，依此合意，一人或数人对于其他一人或数人负担给付、作为或不作为的债务。"第 1371 条将准契约之债定义为："因个人自愿的行为而对第三人发生的债务，有时于双方之间发生相互的债务"。龙卫球. 债的本质研究：以债务人关系为起点 [J]. 中国法学，2005（6）：84.

③　转引自龙卫球. 债的本质研究：以债务人关系为起点 [J]. 中国法学，2005（6）：87.

④　参见龙卫球. 债的本质研究：以债务人关系为起点 [J]. 中国法学. 2005（6）：80 - 96.

⑤　参见王利明. 债法总则研究 [M]. 北京：中国人民大学出版社，2015：12.

⑥　1900 年，《德国民法典》第 241 条第 1 款规定："依据债务关系，债权人可以向债务人请求给付。"龙卫球. 债的本质研究：以债务人关系为起点 [J]. 中国法学，2005（6）：84.

⑦　上述三位学者的著作分别为：《日本民法债权总论》、《日本债权法》、《债权在近代法中的优越地位》。参见龙卫球. 债的本质研究：以债务人关系为起点 [J]. 中国法学，2005（6）：84.

事人之间得请求一定给付的法律关系。"① 其中"得请求一定给付"即从债权人的角度出发将债权人请求之权利置于首要地位。我国《民法通则》在债的关系中也主要强调了债权人请求给付的法律地位。其第84条第1款规定:"债是按照合同约定或者依照法律的规定,在当事人之间产生的特定的权利和义务关系。"该条第2款规定:"债权人有权要求债务人按照合同的约定或者依照法律的规定履行义务。"

综上,两种学说从不同的角度出发对债进行了界定,本书认为债务人本位说更具可取之处。如上所述,就"债"的词源而言,"债"这个词本身就是指债务,而且是法定债务。所以,债务作为一种法定义务是必须履行的,不管债权人请求与否它都应当实现。此外,在债务人的义务内容中主要表现为财产性给付义务。② 所以,从债的义务本质和义务内容出发,债可以概括为债务人向债权人履行给付义务的法律行为。

二、市政的阐释

对市政概念的考察可以追溯至我国古代社会对"城"与"市"的界定。在我国古代,城与市是分离的,分属两个不同的概念。"城"强调的是只有防御功能的静态区域;而"市"是指人们进行产品交易的动态场所。③ 随着交易效率的提高和交易范围的扩大,交易必须固定在某一区域,于是产生了"城"与"市"的融合而发展为城市。在城与市的融合中,市起到了重要作用,赋予了只有防御功能的城以经济活动中心的地位,所以城市又被简称为"市"。④ 在现代词汇中城市也是市的应有之义。根据《现代汉语词典》的解释,市有五种释义,其中与本书研究相关的有两种,一是指城市;二是指行政区划单位(直辖市、省辖市等),设市的地方都是工商业集中处或政治、文化的中心。⑤ 在前者的涵义中,"市"即"城市";而在后者的涵义中虽然将"市"抽象为一种行政区划单位,但是从其所代表地方的政治、

---

① 王泽鉴. 债法原理 [M]. 北京:北京大学出版社,2013:55.

② 参见王利明. 债法总则研究 [M]. 北京:中国人民大学出版社,2015:6.

③ 《说文解字》曰:"城,以盛民也。""市,买卖所之也。"柴剑虹,李肇翔. 说文解字 [M]. 北京:九州出版社,2001:301,802.

④ 参见王佃莉,张莉萍和高原. 现代市政学 [M]. 北京:中国人民大学出版社,2015:1 - 2.

⑤ 市的其他三种释义包括:集中买卖货物的固定场所;买卖货物;属于市制的(度量衡单位)。中国社会科学院语言研究所词典编辑室. 现代汉语词典(第6版)[M]. 北京:商务印书馆,2012:1186. 显然这三种解释都与本书的研究无关。

经济和文化特征来看，城市应是其最核心的表现形态。从法学的角度而言，市是宪法制度的重要内容，属于地方制度的重要组成部分。在宪法制度中，市也称为"市制"。刘茂林教授将"市制"解释为"城市地方制度"，认为它"是我国地方制度的重要组成部分，现有直辖市、省辖市（包括自治区所辖的市）和县级市三种"①。可见在上述市的两种涵义中，城市与市同属一种指称，市即城市，"市制"也即"城市制度"。

"市政"作为一个词汇是市政学的一个基本概念，但是并未有统一的界定。有学者将市政的概念分为广义和狭义两个范畴。广义的市政，是指所有城市参与者，为协调和整合公共部门和私人部门的行动，处理城市居民面临的问题，实现城市自身的政治、经济、文化和生活的发展，打造更具竞争力、更公平和可持续发展的城市而展开的各项管理活动及其相互影响的过程。狭义的市政，是指城市的国家行政机关对市辖区内的各类行政事务和社会公共事务所进行的管理活动及过程。② 以上关于市政的界定主要包括三个要素内容，即市政主体、市政客体和市政目的。

市政主体，即城市事务的管理者。广义的市政主体包括所有城市参与者；狭义的市政主体是指城市的国家行政机关。根据《宪法》第105条第1款的规定："地方各级人民政府是地方各级国家权力机关的执行机关，是地方各级国家行政机关。"所以，城市的国家行政机关也即城市人民政府（以下简称城市政府），而狭义的市政主体更能反映市政的本质。虽然从市政管理体系的总体性而言，市政主体表现为多元化的特征，但是城市政府在市政的管理过程中依然处于主导地位，就市政职能而言其职能主体也是指城市政府。③

市政客体，即市政主体管理的内容和对象。基于市政主体的狭义范畴，市政客体也应采纳对应的狭义说，是指"各类行政事务和社会公共事务"。

市政目的，即市政主体管理市政事务所要实现的目标。从市政广义范畴的界定中可见市政的主要目的就是为了解决各种城市居民问题、促进城市发展以实现公共利益，而谋求公共利益是市政的灵魂和目的。④

综上所述，市政可概括为城市政府为实现公共利益对各类行政事务和社

---

① 刘茂林. 中国宪法导论［M］. 北京：北京大学出版社，2009：212.

② 王佃利，张莉萍和高原：现代市政学［M］. 北京：中国人民大学出版社，2015：4-5.

③ 所谓市政职能，是指狭义上的城市政府，即城市中的行政机关，在城市管理过程中依法履行的各项职责和功能的总称。王佃利，张莉萍和高原. 现代市政学［M］. 北京：中国人民大学出版社，2015：58.

④ 王佃利，张莉萍和高原. 现代市政学［M］. 北京：中国人民大学出版社，2015：5.

会公共事务所进行的管理活动及过程。

三、地方市政债释义

以上对"债"和"市政"的阐释为地方市政债的界定分别提供了一种分析进路和参考，但是地方市政债的定义并不能简单地将二者界定的结果进行文字上的叠加，欲从法学的角度对其进行界定，还应针对其存在的现实法律现象进行具体分析。姚建宗教授指出，法律概念源于法律现象，而法律文本（规范性法律文件）就是法律现象的具体表现形式之一。① 现行地方市政债法律文本就为我们认识地方市政债提供了依据。我国法律制度对地方市政债的总体性规定主要体现在新《预算法》和《国发〔2014〕45 号决定》对地方市政债作出的总体性制度安排中。② 就地方市政债借债权主体而言，新《预算法》明确赋予了省级地方政府法定借债权主体地位。就地方市政债的使用范围而言，主要用于公益性资本支出；就地方市政债的产生条件而言，只适用于预算中必需的部分资金需要。③ 结合前述对债和市政的界定，本书认为，在我国现行法律文本下，地方市政债是指地方政府为了实现公共利益，在确需借债时依法举借的、主要用于公益性资本支出并向债权人履行给付义务的法律行为。

---

① 参见姚建宗. 法理学——一般法律科学［M］. 北京：中国政法大学出版社，2006：65 - 66.

② 我国新《预算法》第 35 条第 2 款规定："经国务院批准的省、自治区、直辖市的预算中必需的建设投资的部分资金，可以在国务院确定的限额内，通过发行地方政府债券举借债务的方式筹措。举借债务的规模，由国务院报全国人民代表大会或者全国人民代表大会常务委员会批准。省、自治区、直辖市依照国务院下达的限额举借的债务，列入本级预算调整方案，报本级人民代表大会常务委员会批准。举借的债务应当有偿还计划和稳定的偿还资金来源，只能用于公益性资本支出，不得用于经常性支出。"《国发〔2014〕45 号文件》在第（六）项第 1 条中规定："市县政府确需举借债务的由省、自治区、直辖市政府代为举借。"

③ 虽然新《预算法》对地方市政债的使用规定仅限于公益性资本支出，但是《国发〔2014〕45 号文件》第（六）项第 3 条又进一步规定除公益性资本支出外，还可适度归还存量债务。在2016 年 11 月 9 日财政部出台的《地方政府一般债务预算管理办法》以及《地方政府专项债务预算管理办法》中也都进一步规定地方政府举借新债可用于偿还旧债本金。但是就新《预算法》从法律的高度对公益性资本支出的强调程度来看，公益性资本支出应是地方市政债的主要使用方向，这也是本书后面论述的典型国家地方市政债的主要使用方向。

第二节 地方市政债的法律特征

地方市政债的法律特征是地方市政债外在形式的特有表征。"特征总是在与不同现象或事物的联系和比较中显示出来的。"所以，地方市政债作为债的一种特殊形式，与民法之债、国债相比具有以下特点：

第一，地方市政债表现为公益性的债务行为。地方市政债是地方政府为了公众的共同利益发生的债务举借行为，且债务资金也主要用于公益性资本支出。这种公共利益相对于全国性的公共利益而言具有局部性的特征，是一种局部性的公共利益。而民法之债是私债，是出于私主体的利益需要发生的债务行为；国债是国家调节经济的重要杠杆。① 它在满足国家宏观调控需要的同时也具有了实现公共利益的目标价值，但其主要用于满足全国性公共利益的需要。

第二，地方市政债的债务主体角色具有单一性，即地方政府。由地方政府向债权人履行还本付息的给付义务。民法之债中的债务人角色具有多元性，可以是自然人、法人或其他组织；而国债的债务人主体也具有单一性，但是这种单一性则为国家，也即中央政府。

第三，地方市政债是一种临时性的债务行为。这种"临时性"根据新《预算法》第 35 条第 2 款就能体现出来。根据其规定，地方政府借债应以"预算中必需"为标准。如果地方市政债务通过地方收支预算后，在以税收为主的财政收入能够满足公益性资本支出的情况下，地方政府是不应借债的，只有在地方支出大于收入的基础上，地方政府才有借债的必要性，这也体现出法律对于地方政府借债的严格约束。国债虽然也表现为国家为弥补建设资金不足的临时性债务行为，但是其作为国家调节经济的杠杆也多表现为一种政策性债务行为。而民法之债在"意思自治"理念下更多地体现了为当事人之间的任意性债务行为。

第四，地方市政债是一种基于地方政府信用发生的债务行为。地方政

---

① 参见张海星. 公共债务 [M]. 大连：东北财经大学出版社，2008：37.

信用和中央政府信用构成国家信用，也称财政信用。① 人们基于对政府强大的财政信用信赖而借出资金成为国债或地方市政债的债权人。在这两种信用等级中，国债信用高于地方市政债信用，所以从债券的表现形式看，国债通常被称为"金边债券"，地方市政债被称为"银边债券"。从借债利率成本的角度看，国债低于地方市政债。而民法之债主要是基于私人之间信赖形成的债权债务的结合，和私人财产紧密相关，与政府财政信用相比等级较低，成本较高，应位列地方市政债之后。所以，三者按照信用等级可从低到高排序为：民法之债＜地方市政债＜国债；而根据举债成本可从低到高排序为：国债＜地方市政债＜民法之债。

第三节　地方市政债的双重法律属性

一、地方市政债作为私法之债的基本属性

就私法之债的基本属性而言，地方市政债具有民法之债的属性。② 根据民法中债的性质，首先，地方市政债是地方政府作为债务人与公民、机构等作为债权人之间的债务行为关系。地方政府通过发行市政债券的形式借入资

---

① 参见张海星. 公共债务［M］. 大连：东北财经大学出版社，2008：4.

② 崔建远教授认为民法之债有五种属性：一是债为特定当事人之间的民事法律关系。特定的债权人和债务人构成债的当事人。由于债权具有依附或归属于某一特定当事人的固有性质，当它归属于某一当事人时，其特定化势在必行。债权是一种对人的请求权，请求必须有相应的对象，这就要求债务人也必须特定化。所以，只有与债权人有特别结合关系的特定人才能成为向债权人履行义务的债务人。二是债是一种基于当事人之间的信赖关系。债权人和债务人之间基于彼此的信赖结合在一起形成债的关系。在这种关系中，当事人之间由于密切的关系，任何一方疏忽或不注意，都易于给他方造成损害。三是债为当事人实现特定利益的法律手段。虽然在债法史上曾有过分强调国家利益，忽视债的当事人的利益，将债的成立、债权的行使和债务的履行视为当事人对于国家应尽的义务的情形，但从总体上说，法律之所以对债赋予强制执行力，之所以要维护债的关系正常地发生与消灭，必然会产生促进财产流通、充分利用资源、保护公民不受非法侵害、维持良好的社会秩序和道德风尚等积极意义，但法律保护债的关系的根本目的，始终在于使当事人的利益得到满足，或使当事人受到损害的利益得到补偿。四是债主要表现为财产给付的法律关系。债在近现代民法上基本表现为财产法律关系。这是商品经济发展的要求，其中道德伦理也起到了重要作用。五是债为有期限的民事法律关系。完全满足债权人的给付利益是债的关系的自始目的。参见崔建远. 债法总论［M］. 北京：法律出版社，2013：3-6.

金成为债务人，同时公民、机构等通过购买该债券分别取得特定的债权而形成债权人，而这种债权的实现有赖于地方政府作为债务人积极给付行为的实现。其次，地方市政债体现为基于债权人对债务人信赖而相结合的行为关系，即地方政府根据还本付息的信用原则借入债务资金，而公民、机构等主体因为信赖此种信用购买债券而选择借出资金。再次，地方市政债是满足和保护地方政府与相关债权人利益的法律手段。地方市政债作为一种法律手段是由债的本质决定的，债从产生之初就表现出其应是被法律约束的产物。地方政府必须依法借债、用债，在满足自身债务利益的同时应履行还本付息的偿债责任，从而保护债权人利益的实现。第四，地方市政债是地方政府作为债务人与债权人之间发生的还本付息的财产给付行为关系。还本付息的财产给付行为从债的本质看是地方政府实现债务义务的核心内容，因为债权人利益的实现主要有赖于债务人积极的给付行为。最后，地方市政债体现为有期限的行为关系，即地方政府还本付息致债权人实现债权后，债的行为关系随即消灭。

二、地方市政债作为公法之债的本质属性

就公法之债的本质属性而言，地方市政债属行政私法之债。从地方市政债产生的目的来看，公共利益是其发生的根本原因，也是其最终的目标价值归宿。维尔纳·弗卢梅认为公共机构（政府）以私主体身份对商品或服务实施的行为（如买卖、租赁、借贷等）是私法法律行为，可以适用民事法律规范，但是一旦这种行为旨在实现公共利益就具有了公法性质，被称为"行政私法"①。如上所述，从借贷关系的角度看，地方政府以私主体身份参与到债权债务关系中，与债权人发生民事法律行为关系。但是如果没有公共利益的需要，这种民事法律行为关系就丧失了存在的基础和价值方向。所以，基于地方市政债务行为目的的根本价值目标，虽然地方市政债具有私法之债的基本属性，但是其应更突显公法之债的本质属性，也即行政私法之债。

---

① 参见［德］维尔纳·弗卢梅. 法律行为论［M］. 迟颖，译. 北京：法律出版社，2013：40 - 42.

第四节　地方市政债法律制度的界分

一、地方市政债法律制度的界定

劳伦斯·弗里德曼教授曾言："我们一直花费大量的时间研究法律规则及其结构以制定和执行规则。但必须强调指出，法律制度并非仅指规则及其结构。毕竟规则是假定被遵守的，至少在很多时候是这样。在任何法律制度中，关键的因素是行为，即人们实际上做什么，否则，规则仅仅是词句而已，结构也不过是一座被遗忘的空城——没有生命存在的城堡。除非我们的注意力放在我们称之为'法律行为'的问题上，否则就无法理解任何法律制度，包括我们自己的法律制度。"① 遵循法律行为在法律制度中的关键地位，地方市政债法律制度就是以调整地方政府借债、用债、还债行为关系为中心的法律规范的总称。地方市政债法以地方政府债务行为为中心的行为关系为调整对象；以债务资金的使用为实现公共利益的重要手段；以债务人还本付息给付义务的履行为本质内容，给付目的的实现，债的行为关系即丧失法律拘束。在这种行为关系中，债的主体必须从事合法的债的行为，尤其是地方政府必须依法借债、用债、偿债。

二、地方市政债法律制度与国债法律制度的关系

关于何为国债法律制度，我国主要学者有不同的界定。例如刘剑文教授认为，国债法是指："调整国债发行、流通、转让、使用、偿还和管理的法律规范。"② 李昌麒教授认为，国债法是指："由国家制定的调整国债在发行、流通、转让、使用、偿还和管理等过程中发生的社会关系的法律规范的总称。"③ 吕忠梅教授指出："国债法是国家管理国债市场的主要法律形式。

---

① 转引自姚建宗. 法理学——一般法律科学［M］. 北京：中国政法大学出版社，2006：185.
② 刘剑文，熊伟. 财政税收法［M］. 北京：法律出版社，2009：78.
③ 李昌麒. 经济法学［M］. 北京：中国政法大学出版社，2007：530.

它调整的是国家在借款和发行、使用、兑付、流通政府债券过程中发生的社会关系。"① 无论何种界定，都表现为以中央政府借债、用债、偿债为中心的债务行为。所以，国债法律制度就是以调整国债借、用、还行为为中心的法律规范的总称，其与地方市政债法律制度既有联系又有区别。

二者的联系表现为：第一，就法的地位来看，二者共同构成公债法律制度的内容，同属于公债法律制度的有机组成部分。在新《预算法》颁布实施前，由于旧《预算法》② 严格限制地方政府借债，所以导致地方市政债法律地位的缺失，在我国国债法即为公债法。新《预算法》重新确立了地方政府举债的法律地位，对地方政府债务行为进行了总体性规范，从而促进了我国地方市政债法的发展，在一定程度上弥补了公债法整体制度内容的不足。第二，就法的特征来看，国债法和地方市政债法都具有私法和公法的双重属性。地方市政债法的这种双重属性如上已经阐明，此处自不待言。在国债法中，中央政府作为债务人凭借其自身信用依法向社会公开筹集资金，也必须按约定履行还本付息的义务。所以，中央政府与债权人之间形成民法中一般债的平等的债权债务关系，具有私法属性。另一方面，由于国债在市场经济条件下发挥着宏观调控的功能，服务于社会总体性利益的需要，所以也具有公法属性。第三，就法的总体构成内容来看，二者都是有关政府借债、用债、偿债的行为规范。

二者的区别表现为：第一，就债务人而言，二者有层级之分。国债法的债务人为中央政府；地方市政债法的债务人为地方政府。第二，就法的价值而言，二者有整体和部分之分。国债法旨在满足社会总体性利益；地方市政债法旨在满足局部性的社会公共利益。第三，就债权人属性而言，二者有国别之分。国债的债权人既可以是国内主体，也可以是国外主体；③ 地方市政债的债权人只限于国内主体。第四，就债的表现形式而言，债券是我国地方

---

① 吕忠梅，陈虹. 经济法原论［M］. 北京：法律出版社，2008：492.
② 我国旧《预算法》第28条规定："地方各级预算按照量入为出、收支平衡的原则编制，不列赤字。除法律和国务院另有规定外，地方政府不得发行地方政府债券。"
③ 我国新《预算法》第34条规定了有关国债发行管理的内容，其中第1款规定："中央一般公共预算中必需的部分资金，可以通过举借国内和国外债务等方式筹措，举借债务应当控制适当的规模，保持合理的结构。"

市政债的唯一合法形式；而国债的表现形式既有国家债券也有国家借款，其中国家借款是国家外债的主要表现形式。

第五节　地方市政债法律制度的构成

一、地方市政债法律制度的内容

地方政府债务行为构成了地方市政债法律制度的核心内容，即借债、用债和偿债，三者存在紧密联系。借债是用债和偿债的前提，是地方政府实现财政职能的体现，可以包括借债权和借债行为监管规范等；用债是借债的延续，也是保障地方政府债务行为最终实现公共利益的关键环节，用债法定基本范围构成了其主要内容，也是决定债务资金使用效率的主要因素；偿债是借债和用债的必然结果，是债的本质要求，也是地方政府债信的体现，可以包括偿债方式、偿债保障制度、偿债违约责任、偿债危机救助等内容。

二、地方市政债法律制度要素的构成

遵循法律行为要素在法律制度要素中的关键地位，地方市政债法律制度要素以地方市政债务行为要素为核心，主要包括以下内容：

第一，地方市政债务行为主体是地方政府（债务人），即省级地方政府。我国在新《预算法》第35条中明确规定了省级政府（省、自治区、直辖市）的借债权主体地位并可以自行借债。

第二，地方市政债务行为目的是满足公共利益的需要。行为目的是指："行为者主观上预想达到并力求实现的某种目标和结果。"① "财政的公共利益主要表现在两个重要方面，第一，财政行为的动机在于公共利益；第二，财政行为可体现公共利益对公共产品的需求。"② 地方市政债就是地方政府进行建设投资所实施的一系列财政行为的集合。满足公共利益是这些行为最

---

① 张文显. 法哲学范畴研究 ［M］. 北京：中国政法大学出版社，2001：76.
② 任际. 财政法理论研究 ［M］. 北京：法律出版社，2016：170.

根本的动机和目标，地方政府将债务资金进行建设投资所形成的公共产品就是满足公共利益需要的表现和结果。

第三，地方市政债的行为事实即包括债的借、用、还。所谓行为事实，是指："行为人表现于外部的作为或不作为。"① 地方市政债包含地方政府行使的借、用、还三方面积极的作为内容。地方政府只有积极实施这三方面行为，才能为实现公共利益服务，也才能保护债权人的利益。

第六节　地方市政债法律制度的意义

一、地方市政债法律制度可保障地方政府债务行为的规范运行

规范的地方政府债务行为是发挥地方财政在财政资源配置中积极作用的重要保障。财政资源配置职能（allocation function）是指政府通过相应的财政收支等活动来影响和改变社会资源的流向与结构以提高资源使用的效率。通常情况下，由地方政府承担财政资源配置职能。② 这也可以在本书后文马斯格雷夫的财政职能理论中得到证明。地方政府规范的债务行为对于地方政府实现资金在公私部门之间的合理分配、提高资金使用效率等都具有积极作用。以地方政府借债、用债和偿债行为要素构成的地方政府债务行为构成了地方市政债法律制度的核心内容。地方市政债法律制度对地方政府债务行为的规范运行起到重要的保障作用。在地方政府借债行为方面，地方政府借债权、借债种类、借债期限、借债方式以及借债对象都需要通过地方市政债法律制度予以确认；地方市政债的借债规模需要地方市政债法律制度进行限制。在地方政府的用债行为方面，地方政府债务资金的使用方向、使用的法定基本范围等需要地方市政债法律制度予以限定。在地方政府的偿债行为方面，地方政府的偿债方式需要地方市政债法律制度进行确定；地方政府的偿债违约行为需要地方市政债法律制度予以制裁等。可见，地方市政债法律制

① 姚建宗. 法理学———一般法律科学［M］. 北京：中国政法大学出版社，2006：191.
② 参见王玮. 地方财政学［M］. 北京：北京大学出版，2013：57.

度对地方政府债务行为规范运行的保障意义取决于对该行为进行确认、限制、制裁等作用的发挥。

二、地方市政债法律制度可保障债权人债权利益的实现

根据地方市政债的特征，按照信用高低，地方市政债高于企业债券、低于国债；根据收益率的高低，地方市政债高于国债而低于企业债券。所以，就风险—收益而言，地方市政债既不同于国债，又有别于企业债券，这就能够满足资本市场不同投资者的投资需要，从而吸引资本市场的投资者购买地方市政债而成为债权人。如前所述，债从本质上是一种债务人向债权人履行给付义务的法律行为，强调了债的义务性内容。但是债就整体而言应体现为一种法律行为关系，除了义务性行为主体和行为内容之外，还包括权利性行为主体和行为内容。由于债权是和债务相对应而存在的，债的权利性行为主体则为债权人，行为内容则主要表现为有效受领债务人的给付，这既是债权本质内容的体现，也是法律对债权人债权利益的确认和保护。① 在地方市政债法律制度中，通过规范地方政府偿债法律行为会对债权人给付受领权的实现产生直接的积极作用，而对地方政府借债行为和用债行为进行法制规范也会间接保障债权人债权利益的实现。

三、地方市政债法律制度可保障多元主体监管效力的强化

地方政府债务行为的规范运行除了需要地方市政债法律制度对相关行为要素内容进行规定之外，还需要其通过赋予和肯定多元主体相关监管权和监管作用提升多元监管主体对地方政府债务行为的监管效力。地方政府信息披露法律制度通过对地方政府信息披露方式、信息披露内容、信息披露责任等内容的规定在强化地方政府信息披露义务的同时为信用评级机构、债权人（包括潜在债权人）、中央政府以及社会公众等多方主体对其债务行为监管作用的发挥提供了制度保障。地方政府信用评级法律制度通过信用评级机构

---

① 崔建远教授和王泽鉴教授均指出，将某种利益在法律上归属某人是权利基本思想的体现，而债权的本质内容就是使债务人的给付归属于债权人，也即债权人有效受领债务人的给付。参见崔建远. 债法总论［M］. 北京：法律出版社，2013：13. 王泽鉴. 债法原理［M］. 北京：北京大学出版社，2013：59.

选聘机制和信用评级内容的确立等能够保障信用评级机构和债权人对地方政府债务行为的监督。中央政府和地方人大分别在行政监管权和年度预算审批权的确立可以加强二者对地方政府借债行为的监管等。

第七节　地方市政债法律制度的理论基础

政治经济学、财政学、政治学、经济法学等学科都为地方市政债法律制度的研究提供了理论基础。虽然以上学科的研究方法不同且侧重点各异，但是都是围绕地方政府债务行为这一中心线索展开的。政治经济学的公共选择理论、财政学的财政职能理论、政治学的地方自治理论以及经济法学的国家适度干预理论都从不同角度为地方政府债务行为及其法律规范提供了理论支撑。

一、公共选择理论下地方市政债法律制度的正当性分析

公共选择理论（public choice theory）也称为公共选择（public choice）、政治的经济学（economic of politics）等，它主要以新古典经济学"理性人"的基本假设为分析方法，旨在研究政治市场主体（选民、利益集团、政党、官员和政治家）的行为以及政治市场的运行。[①] 作为被西方引用率较高的一种界定，丹尼斯·C. 缪勒（Dennis C. Mueller）将公共选择理论描述为："公共选择理论可以定义为非市场决策的经济研究，或者简单地定义为把经济学应用于政治科学。公共选择的主题和政治科学的主题是一样的：国家理论、投票规则、投票者行为、政党政治学、官员政治等。公共选择的方法仍然是经济学的方法。像经济学一样，公共选择理论的基本行为假设是，人是一个自利的、理性的、追求效用最大化的人。"[②] 公共选择理论分为三个流派：罗切斯特学派、芝加哥学派和弗吉尼亚学派。虽然上述三个学派强调的研究方法和具体观点有所不同，但是却形成了公共选择理论的基本研究方法

---

① 参见方福前. 公共选择理论［M］. 北京：中国人民大学出版社，2000：1.
② 转引自方福前. 公共选择理论［M］. 北京：中国人民大学出版社，2000：1－2.

和观点。

第一，公共选择理论以个人主义作为自己的核心方法论。在西方社会科学中，从哲学家到经济学家对个人主义方法论都有过论述。例如，边沁就将个人利益的研究作为对共同体利益研究的基础，其认为："不理解什么是个人利益，谈论共同体的利益便毫无意义。"① 亚当·斯密在著名的"看不见的手"的理论中曾指出，市场中的经济参与者都是受利己之心驱动，而市场作为"看不见的手"会指引这些利己之心促进总体的经济福利。② 理查德·A. 波斯纳称："人在其生活目的满足方面是一个理性最大化者（rational maximizer）——我们将称他为'自利的（self-interest）'。"③ 公共选择理论方法论中的个人主义（methodological individualism）是将个人作为基本的分析单位，将社会存在看成个人之间相互作用的结果，认为应当根据个人解释社会和政治，而不是相反的逻辑。公共选择理论学者指出，政府就是个人相互作用的制度复合体，个人通过制度复合体作出集体决策、开展集体活动、实现集体目标，而政治就是这类制度范围内的个人活动。④

第二，公共选择理论以"经济人"范式为研究基点。公共选择理论在确定以个人行为为中心的方法论之后就开始思考这样的个人应该是一个怎样的个人。公共选择理论吸纳了亚当·斯密关于经济市场中经济人或交易者的理论学说，认为个人应该是具有利己心的，追求自身利益最大化的个人。公共选择理论将政治制度也视为与经济市场一样的政治市场，认为政治市场与经济市场一样存在同一个人，即个人在进行非市场选择的政治活动中，其目的并不是利他的，而是追求个人利益最大化。从政治家到选民，都是将对个人利益最大化的追求作为基本的行为动机。虽然增进公共利益也可能是政治家的目标，但是这种目标所占的位次或权重并不总是首要的或者最大的。所以，当政治家追求个人目标时便很容易产生与社会公共利益的矛盾。对于选

---

① ［英］边沁. 道德与立法原理导论［M］. 北京：商务印书馆，2000：59.

② 参见［美］曼昆. 经济学原理［M］. 梁小民，梁砾，译. 北京：北京大学出版社，2009：12.

③ ［美］理查德·A. 波斯纳. 法律的经济分析［M］. 蒋兆康，译. 北京：中国大百科全书出版社，1997：1.

④ 参见方福前. 公共选择理论［M］. 北京：中国人民大学出版社，2000：17 - 18.

民而言，公共选择理论认为其在投票箱前的动机与其在市场中的动机并无本质上的不同，即他所选择投票的对象一定是能给他个人带来更多利益的政治家，而不是使他自己付出更高成本的政治家。① 公共选择理论的主要代表人物詹姆斯·布坎南曾言，对于政治家和政府官员，如果要适当地设计出能制约赋予他们的权力和他们在这些权力范围内的行为的法律——制度规则，就必须把政治家、政府官员看成是用他们的权力最大限度追求他们自己利益的人。② 可见在公共选择理论看来，"经济人"范式的预设是对政治家或政府官员行为实施有效制度约束的前提。

第三，公共选择理论强调宪法（法律）秩序对个人行为的重要作用。以詹姆斯·布坎南为代表的公共选择理论学者认为，这是对亚当·斯密为代表的古典经济学传统的复兴，因为亚当·斯密就指出经济行为人的行为决策应该是在不同制度结构和约束规则内作出的选择。③ 所以，公共选择理论认为个人对自身利益最大化的追求应该是有限制的，这种限制的实现路径就是宪法（法律）下的规则秩序，没有这种规则秩序的约束，个人的自利性便很容易与社会公共利益产生冲突，进而使个人选择也丧失了公正的环境。所以，个人利益的选择应该是宪法（法律）秩序下的一种自由，个人必须遵守某些行为规范，这些行为规范被法律所左右。④

在公共选择理论中，利益集团被视为"经济人"主体之一。在我国，以行政区划为单位的地区就是这种利益集团的体现。⑤ 所以，作为各地区的领导机构——地方政府（包括其内部成员）也当然有自身的利益选择，在某种程度上扮演者"经济人"的角色，由此，其在发生与公共利益有关的某种行为事实时也不免会以牺牲公共利益最大化为代价而追求自身利益最大化。如前所述，地方政府进行债务行为的最终目的就是为了实现公共利益。为了保护这种最终目的，根据公共选择理论的要求，应该用法律手段规范地

---

① 参见方福前. 公共选择理论［M］. 北京：中国人民大学出版社，2000：21 – 22.
② 参见［美］詹姆斯·布坎南. 自由、市场和国家［M］. 吴良健，译. 北京：北京经济学院出版社，1988：38 – 39.
③ 参见方福前. 公共选择理论［M］. 北京：中国人民大学出版社，2000：16.
④ 参见方福前. 公共选择理论［M］. 北京：中国人民大学出版社，2000：23.
⑤ 参见方福前. 公共选择理论［M］. 北京：中国人民大学出版社，2000：272.

方政府借债、用债、偿债的行为并对其形成合理的监管约束。

二、财政职能理论下地方政府借债权的确立

理查德·A. 马斯格雷夫是西方财政职能理论的权威学者，该理论也得到了我国众多学者的认同。① 马斯格雷夫认为财政主要有三种职能，即资源配置职能，收入分配职能和宏观经济稳定职能。②

第一，资源配置职能。它是指社会总资源利用在公共产品和私人产品之间划分以及在公共产品内部划分的确定过程，也即公共产品的供应。③ 欲理解资源配置职能首先应明确公共产品的概念。

公共产品是和私人产品相对应的概念。保罗·A. 萨缪尔森曾对二者进行过描述："公共物品（public goods）是这样一些产品，不论每个人是否愿意购买它们，它们带来的好处不可分割地分到整个社区里；相比之下，私人物品（private goods）是这样一些产品，它们能分割开并可分别地提供给不同的个人，也不带给他人外部的收益或成本。"④ 与私人产品相比，公共产品具有"效用的不可分割性"（也即"共同消费性"）的属性，这种属性主要通过消费上的非竞争性和非排他性体现出来。非排他性是公共物品的第一个特征，即一些人享用公共物品带来的利益而不能排除其他一些人同时从公共物品中获得利益；非竞争性是公共物品的第二个特征，即消费者的增加不引起生产成本的增加。⑤ 马斯格雷夫认为，由于私人物品具有强烈的排他性和竞争性，所以消费者完全可以通过在市场中付款交换的方式获得，市场机制可以有效解决私人产品的供应。但是，公共产品的利益是共享的，并不属于特定个人的财产权利，消费者也就不愿意自愿付款，市场机制对此通常是失效的。所以，对于公共产品的供应需要政府介入，它是解决市场失灵的必

---

① 参见吴俊培. 怎样认识市场经济下的财政职能 [J]. 财政研究，1993 (10)：53.

② 参见 [美] 理查德·A. 马斯格雷夫，佩吉·B. 马斯格雷夫. 财政理论与实践 [M]. 邓子基，等，译. 北京：财政经济出版社，2003：6.

③ 参见 [美] 理查德·A. 马斯格雷夫，佩吉·B. 马斯格雷夫. 财政理论与实践 [M]. 邓子基，等，译. 北京：财政经济出版社，2003：6.

④ [美] 保罗·A. 萨缪尔森，威廉·D. 诺德豪斯. 经济学（上）[M]. 北京：首都经济贸易大学出版社，1998：571.

⑤ 陈共. 财政学 [M]. 北京：中国人民大学出版社，2015：25-26.

要手段。①

　　马斯格雷夫指出，在解决公共产品由谁提供的问题后，还应关注提供效率问题。他认为，公共产品按照受益的空间范围可分为全国性公共产品（国防等）和地方性公共产品（路灯等）。全国性公共产品应由国家提供，而地方性公共产品应由地方政府提供。②

　　第二，收入分配职能。收入分配职能，也即在调节收入和财富的分配过程中实现社会上认为的"公平"或"公正"的分配状态。③正如考虑资源配置职能在中央和地方之间划分一样，马斯格雷夫也对收入分配职能在中央和地方之间的分配进行了分析。但是，与资源配置职能划分不同的是，其认为中央政府更适合行使收入分配职能。他假设有 A 和 B 两个辖区。在地方政府履行该职能的情况下，基于辖区间存在人口迁移的流动性，就会出现反对再分配的高收入人群外流到 B 辖区，而赞同高收入再分配和低收入人群会流入 A 辖区。一方面，A 区低收入人群的增多会造成 A 区剩余高收入人群的纳税负担；另一方面，由多数低收入人群组成的 A 区可达到的收入均等化程度也会较低。④

　　第三，宏观经济稳定职能。这一职能是由诸多目标构成的，它是通过财政收支手段以实现保持高就业率、稳定物价水平、适当的经济增长率以及国际贸易和国际收支平衡的目标。⑤同收入分配职能的划分一样，马斯格雷夫认为宏观经济稳定职能也应由中央政府承担，因为地方政府在应对失业和通货膨胀方面通常是无效率的。⑥

---

① 参见［美］理查德·A. 马斯格雷夫，佩吉·B. 马斯格雷夫. 财政理论与实践［M］. 邓子基，等，译. 北京：财政经济出版社，2003：7-8.
② 参见［美］理查德·A. 马斯格雷夫，佩吉·B. 马斯格雷夫. 财政理论与实践［M］. 邓子基，等，译. 北京：财政经济出版社，2003：472-473.
③ 参见［美］理查德·A. 马斯格雷夫，佩吉·B. 马斯格雷夫. 财政理论与实践［M］. 邓子基，等，译. 北京：财政经济出版社，2003：6.
④ 参见［美］理查德·A. 马斯格雷夫，佩吉·B. 马斯格雷夫. 财政理论与实践［M］. 邓子基，等，译. 北京：财政经济出版社，2003：481.
⑤ 参见［美］理查德·A. 马斯格雷夫，佩吉·B. 马斯格雷夫. 财政理论与实践［M］. 邓子基，等，译. 北京：财政经济出版社，2003：6.
⑥ 参见［美］理查德·A. 马斯格雷夫，佩吉·B. 马斯格雷夫. 财政理论与实践［M］. 邓子基，等，译. 北京：财政经济出版社，2003：482.

综上，在财政职能理论中，基于公共产品有效供应的资源配置职能，地方政府要履行辖区内（区域性）资源配置职能必须有自有财力提供资金保障。2013 年 11 月 12 日党的十八届三中全会通过了《中共中央关于全面深化改革若干重大问题的决定》，该《决定》指出，应"加强中央政府宏观调控职责和能力，加强地方政府公共服务、市场监管、社会管理、环境保护等职责"。可见，马斯格雷夫的财政职能理论是与中国国情相适应的，而资源配置职能理论为我国地方政府借债权的实现提供了理论依据。

三、地方自治理论下地方市政债务行为央地二元监管机制的并立

地方自治是各国历史文明的产物，其产生和历史成果可追溯到公元九世纪到十一世纪地中海沿岸商业经济的复兴。正是由于地方自治或城市自治才带来了这种经济繁荣，以至于这种繁荣又将地方自治成果及其精神传播到其他国家。例如，日本就是欧陆地方自治的吸收者，清朝末年又从日本输入到我国并率先在湖北建立了地方自治研究会。①

由于各国历史传统、语言文化等方面的差异以及地方事务本身的复杂性，地方自治至今未有统一而权威的定义。② 德国学者格莱斯特认为，地方自治是指："根据国家的法律，以地方税收负担经费，而以名誉职之职员办理的地方行政事务。"③ 日本学者吉村源太郎曾对地方自治进行了较详细的论述。据其介绍，自治有广义和狭义之分。广义的自治概念源于英国，主要指立法、司法、行政方面的自治；狭义的自治仅指行政事务自治，也即日本学者通常所说的自治范围。所以，地方自治也即地方行政自治，是"公共团体受国家之监督而处理生存目的之事务之状态之谓也"。其中强调了两层涵义：一是"生存目的之事务"必须是公共事务；二是地方自治必须是国

---

① 参见［日］吉村源太郎. 地方自治［M］. 何勤华，译. 北京：中国政法大学出版社，2004：1－2.

② 地方自治一词也有地方政府、地方行政、地方自治团体等称谓。参见陈绍方. 地方自治的概念、流派与体系［J］. 求索，2005（7）：45.

③ 转引自陈绍方. 地方自治的概念、流派与体系［J］. 求索，2005（7）：45.

家监督下的自治行为。^① 我国台湾学者沈怀玉认为："地方自治就是一个国家内部的施政，在一定区域以内，由人民自行制定法规，选举自治人员，组织自治团体，能因地制宜发展该地区的自治事业。"^② 《中国大百科全书》的《政治学》卷将地方自治界定义为："在一定的领土单位之内，全体居民组成法人团体（地方自治团体）在宪法和法律规定的范围内，并在国家监督之下，按照自己的意志组织地方自治机关，利用本地区的财力，处理本地区域内公共事务的一种地方政治制度。"^③ 综上，地方自治的涵义可具体为以下内容：

首先，地方自治是一种区域治理行为。自治主体权利和义务的范围仅在自治地域内有效，是对所在地区公共事务的处理。

其次，地方自治是一种相对的自治行为。地方自治是民主自由精神的集中体现，但是这种民主自由并不是绝对的、任意的，而是有条件的，即必须受到法律的约束和国家的监督，这是维护全国秩序和国家统一的需要，也是自治和自主的区别。^④ 所以，地方自治也反映出中央政府和地方政府的关系并不是南辕北辙的，在必要的时候地方政府应服从中央政府。

再次，地方自治的客体为地方公共事务，而非国家事务。在地方自治的界定中，学者将公共事务作了狭义上的解释而与国家事务相区别，仅指地方公共事务。

最后，地方自治是地方自治主体利用自有财力（如税收等）来处理自治事务的。

此外，也有学者分析了地方自治的要素构成，即自治权、区域、人民和组织，其中地方自治权作为实现地方自治目的的手段是地方自治团体的核心

---

① 参见 [日] 吉村源太郎. 地方自治 [M]. 何勤华，译. 北京：中国政法大学出版社，2004：9.

② 转引自陈绍方：地方自治的概念、流派与体系 [J]. 求索，2005 (7)：45.

③ 陈绍方. 地方自治的概念、流派与体系 [J]. 求索，2005 (7)：46.

④ 吉村源太郎认为只有国家才称为"自主"，"自治"则意味着必须在国家之下。如果一个团体任由自己的意思而为之，则偏离了国家的监督反而是另一个国家了。参见 [日] 吉村源太郎. 地方自治 [M]. 何勤华，译. 北京：中国政法大学出版社：2004：9 - 10. 本书对此观点表示赞同，所以本书在涉及地方政府自治的内容时，均采用了"自行"的说法，而没有采用"自主"，例如本书中用了"自行借债"而非"自主借债"。

要素。① 所以，在某种意义上地方自治权也即地方自治。② 关于地方自治权（地方自治）的本质，主要有英美学派、大陆学派和折中学派三种学说。英美学派强调民权在地方自治中的核心地位，认为地方自治是人民自治，不是官吏自治，自治范围具有广泛性，涉及行政、立法、司法各个层面。所以，英美学派的地方自治也称"人民自治"。该学派的自治观深受古典自然法学派天赋人权思想的影响，所以该学说也称为"固有权说"。以法国和瑞典为代表的大陆学派对此持相反观点。其认为地方自治是一国领土内的活动，自治主体具有独立于国家的法律人格，在一定区域内自行处理地方公共事务，且该种公共事务仅限于行政，而不包括立法和司法。在这种地方自治中，大陆学派强调团体而非个体的自治地位，所以又称"团体自治"。由于主张地方自治是在国家领土范围内的活动，所以大陆学派不承认地方自治权"天赋"，而认为是国家授予的，该学说被称为"国权授予说"。最后，折中学派取长补短，综合上述两种学说提出了自己的观点，也称综合学派观点。该学派认为团体自治是人民自治的基础和前提，人民自治是实现团体自治的途径和保障。也就是说，只有独立于国家领土的地域团体存在，人民自治才有发挥的空间；而团体自治只有注重人民参与，其最终目的才能实现。③

地方自治理论之所以能滥觞于英美和欧陆等国家，源于地方自治重要的价值因素：④

第一，地方自治符合一国的政治目的，即人人平等的利益诉求。吉村源太郎指出，在日益发达的社会中，虽然优胜劣汰是人们公认的生存法则，但是由此不平等结果产生的负面效应容易激化矛盾而引发冲突。而纵然一国中强者（智者、有财产者）有能力参与国家事务，地方自治也可使其他人参与地方公共事务。

---

① 参见陈绍方：地方自治的概念、流派与体系［J］. 求索，2005（7）：46.

② 刘剑文教授指出："地方自治已从一个政治学的概念日益上升为一个法学概念，并经学者提炼出了一种权力——地方自治权。"参见刘剑文. 中央与地方财政分权法律问题研究［M］. 北京：人民出版社，2009：37.

③ 参见陈绍方. 地方自治的概念、流派与体系［J］. 求索，2005（7）：46 - 47.

④ 参见［日］吉村源太郎. 地方自治［M］. 何勤华，译. 北京：中国政法大学出版社，2004：10 - 13.

第二，地方自治有助于民权目的的实现。公民有纳税的义务也当然享有参政的权利，而随着人民自身文化水平的提高，这种参政的欲望也随之强烈。地方自治是满足人民参政欲望的重要途径和方法，通过人民自治能够实现地方团体利益的提高，从而实现民权。

第三，地方自治有助于培养人民以公共事务为己任的精神。如果地方公共事务都由国家处理，那么人民与国家只是一种主从的依赖关系，必将阻碍社会的发展。只有充分发挥人民治理国家的积极性才能使其知晓政治事务，形成与国家的紧密联系从而促进社会发展。

第四，地方自治有助于恰当地满足地方人民的需要。为人民谋取利益是国家行政的目的，而这种目的有全国利益和地方利益之分。如果通过中央政府用统一的方法实现各地方人民的利益，虽然可以实现政治上的统一，但是必然存在有损各地方利益的可能。而地方人民是地方利益最直接和明确的知悉者，所以只有实现地方自治才能达到理想的效果。

综上所述，通过对地方自治定义、涵义、要素和价值的分析，地方自治体现出了两种理念，即民主自治理念和自行自治理念。民主自治理念体现了人民在地方自治中的重要作用；自行自治理念在认同地方自行处理公共事务的同时强调了地方和中央之间的密切联系，即地方自治并不是脱离中央管控下的自治，其有着必要的地域范围和公共事务的界限，并且在这种范围和界限内也必须受到中央的监督。可见，地方自治能够客观地反映中央和地方之间的某种关系而与单一制或联邦制的国家结构形式没有必然联系，只是在不同的国家结构形式下，地方自行自治的内容和程度会有所不同。所以，"即便是在主权统一的集权型单一制国家，也完全可以允许一定程度的地方分权自治"①。

综上，地方自治理论无论是其理念还是其作用的国家结构形式都是适合我国国情的。地方自治的民主自治理念要求充分发挥地方人民代表大会在地方政府债务行为中的监督作用。所以，完善地方市政债务行为规范中的地方

---

① 张千帆. 国家主权与地方自治——中央与地方关系的法治化 [M]. 北京：中国民主法制出版社，2012：31.

人大监督制度就成为本书的必要选择。而地方政府信息披露制度和信用评级制度的建立和完善也能充分发挥市场主体的民主监督作用，这也是地方自治理论的必然要求。就自行自治理念而言，要求地方政府虽然可以自行行使借债权，但是这种借债权在某种程度上也应受到中央政府的监管，以确保这种自治权符合国家自主的需要。

四、国家适度干预理论下地方市政债务行为要素的适度性安排

（一）国家干预的正当性

"正当"是伦理学的一个基本概念。美国著名伦理学家罗尔斯曾对"正当"有过这样的描述：正当应是这样一种观念，即人们在一个组织良好的社会里具有相同的正当原则，无论面对何种具体的例子都持有相同的判断，即使这种相同的判断组成最终的秩序是非常困难的，但是这种公认的判断却仍然至关重要。① 政府与市场的关系是一个经久不衰的命题，对此经济学、政治学、法学等学科的不同学者都对此多有研究而形成了不同的观点。但是，市场失灵作为研究二者关系的逻辑起点或者作为政府干预市场的理论前提形成了通常情况下学者们统一的必要性判断，为政府干预提供了必要和可能的场域空间，也成为政府干预的一种正当性基础。

市场在资源配置中的有效作用是值得肯定的。亚当·斯密将市场称为"看不见的手"，并将这种作用无限放大，认为市场是万能的，凭借自身机制的作用就能自动达到供求平衡，而且在每一个人都盘算自身利益的前提下，市场机制能够引导他们实现这种利益从而最终促进社会整体福利的实现。但是，事实证明市场的有效性并不是完美的，也存在市场失灵。市场失灵（market failure）是一个经济学的基本概念，主要是指："市场本身不能有效配置资源的情况。"② 这种情况主要表现为以下五个方面：

首先，市场垄断。竞争是市场机制发挥作用的基础，但是现实中的竞争并不必然能给市场经济带来效率。经济学家把市场结构分为四种类型，按照

---

① 参见［美］约翰·罗尔斯. 正义论［M］. 何怀宏，等，译. 北京：中国社会科学出版社，1988：450.

② ［美］曼昆. 经济学原理［M］. 梁小民，梁砾，译. 北京：北京大学出版社，2009：12.

竞争程度由高到低依次为：完全竞争、垄断竞争、寡头垄断和垄断。① 完全
竞争和垄断是市场结构中的两种极端模式，很多企业表现为介于两者之间的
状态，即垄断竞争和寡头垄断，也被合称为不完全竞争。在现实的市场环境
中，由于存在信息不对称、企业技术、成本等方面的差别，使得一些企业在
市场竞争中赢得有利地位而形成垄断优势。在这种优势地位的促进下，原有
的竞争格局被打破，代之以垄断企业操纵价格获得超额利润，进而损害其他
企业和消费者的利益，最终阻碍市场效率的提高。

其次，经济主体行为的外部性。外部性（externality）是经济学中的术
语，是指："一个人从事一种影响旁观者福利，而对这种影响既不付报酬又
得不到报酬……如果对旁观者的影响是不利的，就称为负外部性；如果这种
影响是有利的，就称为正外部性。"② 无论是正外部性还是负外部性都会对
市场效率造成不利影响。经济主体在正外部性的活动下，虽然给旁观者带来
了利益，但是这种利益外溢并没有给自己带来任何好处，反而使自身成本大
于收益。而其在负外部性的活动下，虽然给旁观者造成了损失，但其自身却
不用支付补偿，在自身收益大于成本的情况下，损失的是市场整体效率的
实现。

再次，公共物品提供不足。与私人物品的排他性和竞争性特征相比，公
共物品具有非排他性和非竞争性，某个人享用一种公共物品不能阻止其他人
享用，而某个人享用一种公共物品也不能减少其他人对它的享用。所以，对
于该公共物品容易出现"搭便车者"（free rider）问题，它是指："得到一
种物品的利益但避开为此付费的人。"③ 如果人们形成了享受利益却不付出
成本的偏好，那么通过市场满足公共物品的提供将是无效率的。这种无效率
的产生和上述外部性的特征密切相关。在正外部性的情形下，正是由于某个

---

① 完全竞争市场，是指："有许多交易相同产品的买者与卖者，以至于每一个买者和卖者都
是价格接受者的市场。"垄断竞争市场，是指："一个有许多出售相似但不相同产品的企业的市场。"
寡头垄断市场，是指："只有几个提供相似或相同产品的卖者的市场。"垄断市场是指："一种没有
相近替代品的产品的唯一卖者的企业市场。"［美］曼昆. 经济学原理［M］. 梁小民，梁砾，译.
北京：北京大学出版社，2009：295，315，348.

② ［美］曼昆. 经济学原理［M］. 梁小民，梁砾，译. 北京：北京大学出版社，2009：211.

③ ［美］曼昆. 经济学原理［M］. 梁小民，梁砾，译. 北京：北京大学出版社，2009：235.

个体给旁观者提供了可以获益的机会才使该旁观者容易成为"搭便车者"。虽然这种外部性利益对于社会是有益的,但是对于该利益的提供者却是无利可图的,从而对其提供公共物品也不能起到激励作用。而在负外部性的情形下,某个个体对旁观者造成了不利影响却不用付出代价,会导致社会整体的无效率甚至是无效率的恶性循环。

第四,收入分配不公。自由竞争作为市场经济的典型特征,在提高市场资源配置效率的同时也会带来收入水平的差异。一个人劳动的供给和需求决定了其收入水平,而由于个人天赋、受教育程度甚至歧视等因素的影响使个人之间出现了劳动力供给和需求的差异,从而导致收入上的不平等,即富人和穷人的差异。玛丽·科拉姆曾说,钱是区分富人和穷人的唯一标准。①

第五,宏观经济波动。由于市场竞争具有自发性和盲目性的特征,过度竞争会导致供给和需求的不平衡:供给大于需求会使有效需求不足,生产过剩导致失业率上升;供给小于需求会使物价上涨而导致通货膨胀。而市场在面对这些宏观经济问题时,其自身调节机制又具有滞后性的缺陷,从而不利于宏观经济效率的实现。

(二) 国家适度干预的伦理学依据②

与"正当"一样,"善"也是伦理学中的一个基本概念。罗尔斯在《正义论》中论证了"善"的两重涵义。他指出,"善"首先是一个得到人们合理性选择的结果,是一种"合理性"的善。这里突出了两种"合理性"的阐述:一是做出这种合理性选择的人首先是一个能具有合理性计划的人,只有这样的人实现的利益和目标也才具有合理性,合理计划是对"善"进行定义的基础;二是这种具有合理性计划的人能够提出合理性的要求。如果一个对象满足了上述两个条件,那么它对于这个人就是一种善。如果这种善被扩大为人们的普遍选择,那就是一种人类的善。另一方面,罗尔斯认为合理性只是实现善的一个简单方面,应进一步对合理性进行限定,也即"善"

---

① 参见〔美〕曼昆. 经济学原理〔M〕. 梁小民,梁砾,译. 北京:北京大学出版社,2009:434.

② 此部分关于伦理学中善的释义参见〔美〕约翰·罗尔斯. 正义论〔M〕. 何怀宏,等,译. 北京:中国社会科学出版社,1988:399-419.

应是一种审慎的合理性。所谓审慎的合理性（deliberative rationality）是强调
人们经过仔细的反思所实现的一种结果的善。在善的两重涵义中，合理性被
描述为实质规则，对于实现"善"具有决定作用；而"审慎"为形式规则，
如果与合理性形成配合就可以达到一种完美的善。

国家干预的最终目的是为了弥补市场失灵、提高市场效率、实现社会福
利的最大化需要。显然，从伦理学的角度，这是一种对善的结果诉求。如何
实现这种善，也就是涉及对国家干预如何进行审慎的合理性选择问题。"适
度"作为对"干预"的限定，不但是一种修辞学的表现，也可以作为是对
"审慎的合理性"的一种抽象概括，或者说"审慎的合理性"是"适度"
的一种具体形态。如果说这种"审慎的合理性"描述仍然过于抽象的话，
那么下述经济法学者就该种"适度"（"审慎的合理性"）对国家适度干预
进行了更为具体的理论阐述。

（三）国家适度干预的经济法理论学说

在经济学语境中，国家干预表明国家和市场之间关系的一种经济事实；
在经济法语境中，如果将干预作为一种法律行为，那么干预主体、干预权
限、干预对象、干预方式、干预责任等就构成国家干预法治化的基本内容，
也是经济法研究的核心内容。在这种法治化的研究中，围绕国家干预法律行
为的适度性主要存在以下三种学说：

首先，"国家调节救济说"。该学说指出国家干预行为是一种调节行为。
国家调节是与市场调节并存的一种调节机制，并共同组成对社会经济调节的
二元化结构。在这种结构中，国家调节发挥救济机制的作用，要在充分发挥
市场调节机制的基础上弥补市场失灵的不足以达到与市场调节机制的密切配
合。在这种配合中，国家调节不但表现为经济调节，而且也需要是一种法律
调节，需要法律的授权、保障和规制。在国家调节机制中，三种国家调节方
式构成了该机制体系。第一，国家对市场的强行规制方式，包括规制对象、
规制方式、规制程序、规制措施等。第二，国家参与直接投资的方式，这种
方式主要强调了国家进行投资性调节的条件和标准，即在市场需要条件下进
行及时性和适度性调节。市场需要包括三种情形：一是民间投资领域不愿进
入而必须由国家进入；二是市场不需要国家投资的领域国家必须选择退出。

三是当市场需要出现调整，国家投资规模、方向等也要随之调整变动。满足市场需要的国家调节应符合及时性、适度性的标准。第三，国家对经济的宏观调控方式应注重引导和政策鼓励的运用。①

其次，"需要国家干预说"。该学说指出，相对于"介入""调节""协调"等词语，"干预"一词更具有包容性，可以涵盖以上词语的内容。该学说主要从国家干预对象、干预界限、干预条件三个方面进行了论证。国家干预作为市场经济体制下的一种经济职能，首先是对社会中具有全局性和公共性经济问题的干预来满足公共利益的实现。其次，国家干预的界限是市场失灵。市场失灵是国家干预的前提，而国家干预的目的是弥补市场失灵、提高市场效率。最后，"需要"为国家干预提供了适度性空间。在市场失灵的前提下，国家干预必须同时满足"需要"的双向标准：市场需要以及国家经济职能和能力的需要。②

最后，"国家调制行为说"。该学说认为国家干预行为是一种调制行为，是调制主体实施的宏观调控行为和市场规制行为的合称。在肯定市场失灵情况下国家调制必要性的同时，提出了政府失灵问题，强调了国家调制行为法治化对解决政府失灵、实现"调制适度"的有效作用。③

可见，以上三种学说都在肯定市场失灵的前提下分析了国家干预法律行为的适度性边界及其实现的经济法路径。首先，以市场需要为基础是保证国家适度干预的前提和条件。以市场需要为基础，也即并不是所有的市场需要和无论何种性质的市场需要都要求国家干预来满足，这也就为国家干预划定了一种适度性的范围。进言之，这种基础性需要还是一种立体的多维度需要：从市场范围来看应该是全局的、社会公共性的；从市场主体来看应该是其不愿介入或不能介入的；从政府职能来看应该是其职能所需或能力所及的；等等。其次，干预方式是满足市场需要的合理性计划手段并表现为多样性的特征，包括调控、规制、引导、鼓励等。最后，经济法律制度是实现国

---

① 参见漆多俊．经济法基础理论 [M]．北京：法律出版社，2008：19 - 21.
② 参见李昌麒．经济法学 [M]．北京：中国政法大学出版社，2007：37 - 39.
③ 参见张守文．略论经济法上的调制行为 [J]．北京大学学报（哲学社会科学版），2000（5）：91 - 92.

家适度干预的保障，它为国家适度干预划定了经济法律边界，通过确认和规制国家干预行为来实现其干预的"适度"的善果。

综上所述，财政是国家干预经济的有效手段，地方市政债作为地方财政的有机组成部分当然是地方政府干预地方经济的有效方式。作为国家干预方式的具体体现，地方市政债法律制度是地方政府适度干预地方经济的保证，具体体现为借债主体的适度性、债务用途的适度性、地方政府偿债违约下中央政府救助时机的适度性等。这些相关制度的建构与完善对于提高地方政府干预经济的效率具有重要作用。

第二章
典型国家地方市政债法律制度考察

第一节　美国联邦制下地方市政债法律制度考察

美国是典型的联邦制国家，联邦政府和州政府都拥有各自较大的自主权，这其中就包括二者独立的立法权。在地方市政债法律制度的创设中，联邦立法和州立法都起到了重要作用。联邦的《个人所得税法》、《1933 年证券法》、《美国破产法》等都对地方政府债务行为进行了不同方面的规定；州宪法或法律对地方政府借债规模、债务资金用途、偿债危机处置等进行了规定。

一、美国州立法下地方市政债的历史发展

美国地方政府的借贷资金主要是地方政府通过出售地方市政债（券）取得的。① 美国的地方市政债发端于 19 世纪 20 年代州政府开始的运河建设。这一时期美国没有任何法律对地方市政债进行约束。美国这一阶段的运河建设共经历了三个高峰期。第一个高峰期从 1815 年到 1834 年。运河建设

---

① 参见［美］费雪．州和地方财政学［M］．吴俊培，译．北京：中国人民大学出版社，2000：212．美国的联邦政府体系是由联邦、州和地方政府三级结构组成。相较于其他国家的地方政府，美国的州和地方政府在美国的政治生活中发挥了更大的作用。美国的地方政府包括州以下的县、市、乡、镇、特别区和学区。See Ter-Minassian T. Fiscal Federalism in Theory and Practice［M］．International Monetary Fund，1997：359．本书对于美国"地方政府"的使用兼采用狭义和广义的理解，狭义的理解即遵循严格意义上美国地方政府的范围，广义的理解则将州政府包括其中，在本书中可根据上下文语境进行判断。

从俄亥俄州体系中的俄亥俄运河和伊利运河开始，最终构造了纽约州体系和宾夕法尼亚州体系。第二个高峰期从 1834 年到 1844 年通过运河建设构造了美国的中西部体系。第三个高峰期从 1844 年到 1860 年，运河建设集中在已经建成的运河的支线上。在三个运河建设高峰期中，由于地方政府对运河潜在社会收益的浓厚兴趣，运河的建设资金有 3/4（1.365 亿美元）来自地方政府，这部分资金并非主要源于地方政府税收，而是通过向国外出售地方市政债来完成的，借款额为 1.27 亿美元。① 州政府通过发行地方市政债券融资的方式为当时美国债券市场的发展作出了重要贡献，甚至也被认为是运河建设的主要贡献而超越了其对经济波动的影响。虽然美国这一时期的运河建设经历了三个高峰期，但是后两个高峰期建成的运河通常收不抵支，而在第三个高峰期进行的运河建设更是一场金融灾难。② 为此，州政府出现了偿债危机，政府信用受到重创，许多州政府因此借不到任何款项，甚至影响了联邦政府的信用，使其在 1842 年发行的 20 年期国债不得不支付自 1812 年以来的最高利率。③

由于州政府信用受损，州立法部门通过许多法律对地方市政债务行为进行了规范，并允许州以下地方政府为铁路、运河等基础设施投资提供援助资金。④ 这些法律对日后州政府及其所属地方政府债务行为起到了重要的规范和约束作用，使地方市政债在美国城市化发展的进程中起到了重要作用。例如，19 世纪末 20 世纪初，美国城市化的快速发展使城市人口不断增加，对城市基础设施的需求也逐渐增多。城市化不仅增加了对学校等传统公共产品的需求，还使越来越多的地方政府面临新型的也就是城市所需公共产品的供应问题，如供水、排污、街道、垃圾处理等，不少地方政府为建设供水设

---

① 参见［美］杰里米·阿塔克，彼得·帕塞尔. 新美国经济史［M］. 罗涛，等，译. 北京：中国社会科学出版社，2000：154.
② 参见［美］杰里米·阿塔克，彼得·帕塞尔. 新美国经济史［M］. 罗涛，等，译. 北京：中国社会科学出版社，2000：158.
③ See Richard S. , John J. W. The Anatomy of Sovereign Debt Crises: Lessons from the American State Defaults of the 1840s［J］. Japan and the World Economy , 1998（3）：283.
④ See Hanson R. Perspective on Urban Infrastructure［M］. Washington D. C. : National Academy Press, 1984：8.

施、学校、街道等纷纷借款。① 据美国人口普查局的统计，1902 年，美国公共资本支出中州以下地方政府占了 80%，而该地方政府的公共资本支出主要是通过发行市政债券筹集资金的，地方政府负债需求因此大量增加，地方政府债务增长也明显快于州政府。② 再如，1910 年到美国经济大萧条之前（1930 年以前）州政府及其所属地方政府同时进行了地方市政债务融资并取得了良好的成效。20 世纪开始的 30 年是美国汽车工业的迅速发展时期，汽车逐渐成为美国家庭的必备交通工具。随着汽车工业的发展和人们对汽车需求的增长，使美国州及其所属地方政府必须加大高速公路和公共交通的投入。从 1920 年到 1929 年，市政道路由总长 36.9 万英里（1 英里≈1.6 千米）增加到 66.2 万英里。这一时期，联邦政府的资助只起到了补充作用，州政府及其所属地方政府在道路等公共交通的支出中起到了主要作用。③ 用于这部分公共资本支出的主要资金来源就是发行地方市政债券所得资金。在1923 年到 1929 年间，3 万人以上的城市公共资本支出的资金中有 60% ~70% 来源于州政府及其所属地方政府发行的市政债券。④

美国地方市政债经过漫长的历史发展已经形成了两种基本的市场类型。一般责任债券（general obligation bond）和收入债券（revenue bond），这两种债券也是美国地方政府借用长期债务的主要形式。⑤ 所以，一般责任债券和收入债券也被称为长期债券。一般责任债券是州政府及其所属地方政府发行的以政府信用作为还款保证的债券。州或地方政府用税收或收费收入作为偿债保障，所以该债券产生的债务也被称为完全保证债务；收入债券是州和地方政府（包括政府授权机构或代理机构）发行的以某种来源收入（特定

---

① See Aronson J. R., Hilley J. L. Financing State and Local Government ［M］. The Brooking Institution Press, 1986: 160.

② 转引自章江益. 财政分权条件下的地方政府负债——美国市政公债制度研究 ［M］. 北京: 中国财政经济出版社, 2009: 73.

③ 参见 ［美］ 杰里米·阿塔克, 彼得·帕塞尔. 新美国经济史 ［M］. 罗涛, 等, 译. 北京: 中国社会科学出版社, 2000: 566.

④ 转引自章江益. 财政分权条件下的地方政府负债——美国市政公债制度研究. 中国财政经济出版社, 2009: 72.

⑤ 参见 ［美］ 罗伯特·D. 李, 罗纳德·约翰逊. 公共预算系统 ［M］. 曹峰, 等, 译. 北京: 清华大学出版社, 2002: 396 – 398.

项目或私人目的收入）作为还款保证的债券。与政府税收或收费收入保证相比，该种收入保证程度较低，所以收入债券产生的债务也被称为非担保债务，风险较一般责任债券要高。① 截至 2013 年，美国一般责任债券新增债务规模为 1246 亿美元，占当年市政新增债务总规模的 38%，项目收益债券新增债务规模为 2070 亿美元，占当年市政债券债务总规模的 62%。② 可见，美国更倾向于通过发行收入债券举借债务。另一方面，在借债期限上以长期债务为主。这种长期债务的期限通常为 10 年、20 年和 30 年。从历史上看，长期债务占州和地方政府债务的 90% 以上。③ 截至 2005—2006 年度末，地方长期市政债务为 21676.8 亿美元，占其全部债务余额 22008.9 亿美元的 98.5%。④

二、美国地方市政债务行为法制规范考察

（一）美国地方市政债举借行为法制规范考察

第一，确立了多层次地方政府的法定借债权。通过上述美国地方市政债的发展历程可见，州政府及其所属地方政府都是借债权主体，并且地方政府的借债主体地位在 19 世纪末 20 世纪初的州立法中得到了确立。美国地方政府享有的较为独立的事权（支出责任）为这种借债权主体地位的确立提供了必要性。在美国联邦和州之间的事权（支出责任）范围划分中，州政府负责收入的再分配，提供基础设施和社会服务并运用一定手段促进本州经济社会发展，在对应的支出责任中则包括公路建设、基础教育、公共福利项目、消防、煤气及水电供应等；而地方政府（主要表现为县市镇政府）的支出责任包括道路和交通、治安、消防、教育等。⑤ 以上涉及公共资本支出

---

① 参见［美］费雪.州和地方财政学［M］.吴俊培，译.北京：中国人民大学出版社，2000：212-213.
② 参见谢多.市政债券融资实用手册［M］.北京：中国金融出版社，2015：21.
③ 参见［美］费雪.州和地方财政学［M］.吴俊培，译.北京：中国人民大学出版社，2000：212.
④ 章江益.财政分权条件下的地方政府负债——美国市政公债制度研究［M］.北京：中国财政经济出版社，2009：110.
⑤ 参见李萍.财政体制简明图解［M］.北京：中国财政经济出版社，2010：279.

的项目都需要州和地方政府进行必要的借债融资。州和地方政府既可以通过发行一般债券举借债务也可以通过发行收入债券举借债务。①

另外，美国地方市政债除了地方政府有权借债外，地方政府授权或代理机构也有权借债，这种借债权通常在组建该机构时的立法（全国性立法或州立法）中予以严格明确的规定。这些机构可以区分为两种借债权主体，实际借债权主体和名义（或法律意义）借债权主体，主要发行收入债券。作为实际借债主体的政府授权机构或代理机构可以通过发行收入债券为自身运营项目融资，如纽约及新泽西港湾管理局可以通过发行收入债券为其在纽约市区的各项经营融资，并由其自身的经营收入作为偿债来源。作为名义借债主体的政府授权机构或代理机构并无自己的经营业务，其只作为其他实体（大学、医院等）进行项目债券融资的一种媒介，起到"导流管"的作用，所以也并不对该债券债务负有偿还义务，而是由其他实体负责偿还。例如，马萨诸塞卫生及教育部门管理署曾为麻省理工大学（公共设备项目）、莱斯利学院（教学校舍综合项目）等实体发行过债券，这些债务都由这些单位独立负责偿还。②

第二，市场中的个人投资者是地方市政债的主要举借对象。美国的税收优惠制度为个人投资者投资地方市政债起到了重要的激励作用。在美国历史中，商业银行曾是美国地方市政债的主要购买者。但是随着银行税法的修改，银行不再享有购买债券的特别税收优惠，从而降低了地方市政债券对商业银行的吸引力。③1913年，美国第一部联邦《个人所得税法案》中就规定了个人投资者投资地方市政债所得利息收入免缴联邦所得税，从而通过较高的净收益（利息收入/投资成本）补贴了个人投资者。④

---

① 参见罗伯特·齐普夫. 市政债券运作［M］. 叶翔，王琦，译. 北京：清华大学出版社，1998：128.

② 参见［美］罗伯特·齐普夫. 市政债券运作［M］. 叶翔，王琦，译. 北京：清华大学出版社，1998：127 – 130.

③ 参见［美］罗伯特·齐普夫. 市政债券运作［M］. 叶翔，王琦，译. 北京：清华大学出版社，1998：132 – 135.

④ 参见［美］费雪. 州和地方财政学［M］. 吴俊培，译. 北京：中国人民大学出版社，2000：217 – 218.

第三，采用以公募为主的借债方式举借债务。美国地方政府公募的借债方式主要规定在《1933 年证券法》和相关法律中。① 公募分为竞标承销和协议承销。竞标承销主要包括以下程序：首先由发行人通过一个广泛公开的销售通知（通常是当地报纸）启动该程序，该通知包括债券面值、竞价条件和要求等内容；然后由竞标者提交密封好的报价；最后由借债主体确定承销商。协议承销是由借债主体邀请潜在的承销商提交报告表明他们的承销经验和能力，通过该报告来指定承销商。美国越来越多的借债主体采用了这种方式。因为它能起到延续债券发行过程从而降低借债成本的作用。如果投标的利率很高，发行者又无法让项目延期，借债主体可以先售出一部分债券使项目开工，其余部分再寻找其他的购买者以降低借债成本。②

第四，美国州宪法或法令普遍对一般责任债券债务的举借规模进行了控制。据 2002 年美国全国州预算官员协会（NASBO）进行的调查显示，在允许发行一般责任债券的 47 个州中，有 37 个州在宪法或法令中对一般责任债券债务举借规模进行了控制，通常以各种量化指标的形式予以规定以达到控制借债规模的效果。例如，债务率 = 州和地方政府债务余额/州和地方政府年度总收入，用来测算州和地方政府的偿债能力，一般在 90% ~ 120%；人均债务率 = 债务余额/当地人口数；偿债率 = 债务支出/经常性财政收入，一般控制在 7% 以下；等等。③

（二）美国地方市政债使用行为法制规范考察

美国大多数州政府普遍从宪法或法律上规定了地方市政债的用债方向。美国地方市政债务收入主要用于长期的公共资本支出，美国州政府一般规定该债务收入不能用于经常性支出。④ 美国州和地方政府实行分类预算管理，经常性预算和资本性预算就是相对应的一种分类。美国大多数州的宪法或法

---

① 参见周沅帆. 城投债——中国式市政债券［M］. 北京：中信出版社，2010：31.
② 参见［美］罗伯特·D. 李，罗纳德·约翰逊. 公共预算系统［M］. 曹峰，等，译. 北京：清华大学出版社，2002：401.
③ 参见李萍. 地方政府债务管理：国际比较与借鉴［M］. 北京：中国财政经济出版社，2009：88.
④ See Ter-Minassian T. Fiscal Federalism in Theory and Practice［M］. International Monetary Fund，1997：166.

律都要求经常性预算遵循平衡预算规则，禁止通过负债来安排支出，不列赤字。根据美国全国州预算官员协会（NASBO）的调查统计，除印第安纳、得克萨斯、佛蒙特、弗吉尼亚、西弗吉尼亚5个州外，其余45个州的宪法或法律都要求州长向议会提交平衡预算，其中有41个州法律规定议会只能通过平衡的预算法案。由于美国各州具有较强的独立性，州宪法或法律对于公共资本支出的具体用途都有各自不同的规定，但是高速公路、教育设施、供排水设施通常在各州和地方政府中都占有较大的支出比例。① 此外，如前所述，对于州和地方政府而言都有独立而明确的事权（支出责任）划分，这也为其公共资本支出的有效性提供了前提。

此外，美国诸如北卡罗来纳州汉姆市（以下简称汉姆市）采用二纬评分方法来确定资本支出（包括公共资本支出）需要的轻重缓急进而对具体项目进行排序，排序后的资本支出项目纳入资本改进计划，资本改进计划将这些排序项目及其成本分摊到计划的各个年度，分摊到前一预算年度的项目就比分摊到后一年度预算的项目更为重要，债务资金应优先用于排序在前的项目。二纬评分方法首先将资本支出需要分为两类：紧急程度类别和功能类别，每一类别所属的具体需要按照优先顺序进行排序，并赋予一定分值，两个类别的分值相乘得出一个分值矩阵，然后根据分值矩阵再赋予具体项目分值并对其进行排序（见表2-1）。②

---

① 参见李萍. 地方政府债务管理：国际比较与借鉴 [M]. 北京：中国财政经济出版社，2009：82. 虽然美国地方市政债主要用于公共资本支出，但是并不仅限于该种用途，还可用于以下三种用途：首先，可用于经常性支出的短期周转支出。虽然美国地方市政债务收入一般不能用于经常性支出，但是在经常性支出发生年度内短期收支时间不匹配导致的缺口时，可通过举借短期（3个月或半年期）地方市政债弥补该缺口，待收入征集上来后再归还借款。其次，用于私人目的的活动。美国还有一部分地方市政债（主要为收入债券债务资金）用于私人目的的活动，如私人投资的工业发展、学生贷款等。但是美国1986年的税收改革法案对用于私人活动的免税债券进行了限制。在税法中除了对用于少数私人活动的债券规定为免税债券外，其他用于私人活动的债券都为应税债券。所以这就限制了该用途的债务支出。最后，用于偿还旧债。在地方市政债券利率下降时，借债主体可以选择举借新债用于偿还旧债以降低借债成本。参见费雪. 州和地方财政学 [M]. 吴俊培，译. 北京：中国人民大学出版社，2000：209-212.
② 转引自马骏，赵早早. 公共预算：比较研究 [M]. 北京：中央编译出版社，2011：435.

表2-1 汉姆市二纬评分方法资本项目分值矩阵①

功能类别　　　　　　紧急程度		保护个人财产	环境卫生	遗迹文化	住房	交通	公共财产一般维护	休闲	一般政府运行
		1	2	3	4	5	6	7	8
立法	1	1	2	3	4	5	6	7	8
风险	2	2	4	6	8	10	12	14	16
效率	3	3	6	9	12	15	18	21	24
服务标准	4	4	4	8	12	16	20	24	28
经济优势	5	5	10	15	20	25	30	35	40
增加、改进服务	6	6	12	18	24	30	36	42	48
新服务或便利	7	7	14	21	28	35	42	49	56

在上表中紧急程度类别按照先后顺序分别为立法（联邦或州政府的法律需要）、风险（消除对公共卫生或安全的明显或潜在风险）、效率（更换过时的设施或设备，或者是以后维修成本将会很大的设施或设备，维持或充分利用现有的设施或设备）、服务标准（在一个发达的区域提供或者维持现有的服务标准，在一个新发展起来的区域提供标准上可比的服务）、经济优势（通过增加资产价值或其他的收入潜力来使得城市的经济基础直接受益）、增加改进的服务（拓展或增加一项服务或者提高服务标准）以及新服务或便利（使一种新的服务变得可能或者增加便利与舒适）。功能类别按照资本支出需要的先后顺序具体包括保护个人财产（警察、消防、营救等）、环境卫生（水、下水道、消毒、公共卫生等）、遗迹文化（教育、图书馆等）、住房（公共住房、住房维修等）、交通（街道的建设与维护、公共交通、停车场等）、公共财产一般维护（政府拥有资产的维护）、休闲（公园、体育项目等）、一般政府运行（办公室设施等）。② 从上表中也可以看出，通过立法确定的资本支出范围具有重要地位，也说明了法定资本支出的重要

---

① 转引自马骏，赵早早. 公共预算：比较研究［M］. 北京：中央编译出版社，2011：437.
② 转引自马骏，赵早早. 公共预算：比较研究［M］. 北京：中央编译出版社，2011：436.

性。①

（三）美国地方市政债偿还行为法制规范考察

首先，有稳定明确的偿债资金来源作为偿债保证。美国根据地方市政债务的两种类别安排了不同的偿债资金来源。一方面，主要由地方税收等偿还一般债券债务。美国州和地方政府有各自独立的税收体系，都有"当家"税种。流转税是州政府的主要收入来源，占州政府收入的 58.3%；地方政府的税收体系则以财产税为主体，占地方政府收入的 75% 左右。② 这两个税种为州和地方政府提供了稳定的税收收入，从而为其偿债提供保证，同时也为地方政府借债权的持续性实现提供了可行性条件。另一方面就是由项目收费收入偿还收益债券债务。

其次，采用以早赎为特征的提前偿债方式。"早赎特征"，就是发行人提前赎回部分或全部债券，发行人可以不必再支付债务利息，但发行人也无权再使用这些债务资金。早赎分为三种：选择性早赎、强制性偿债基金早赎和特别早赎。这种早赎方式通常被规定在买卖双方的合同条款中。选择性早赎，即允许发行人按照债券合同的初始规定进行选择，在到期日前偿还部分或全部原始借款。强制性偿债基金早赎，是安排好的用以在最后到期日前偿还部分或全部债券的预先支付。特别早赎，即政府在某些意外事件发生后提前偿还债务的方式。例如，税务部门突然宣布将对债券征收利息所得税，为保护投资者利益发行人应提前偿债，等等。③ 可见，这种早赎特征既可以节省借债成本，也能在特定情形下保护债权人的利益不受损失，同时增强了偿债的灵活性。

再次，建立偿债准备金制度作为偿债保障。为了防止各级地方政府出现不能按时偿债的风险，州和地方政府都设立了偿债准备金制度。偿债准备金可源于发行溢价收入、投资项目收益的一定比例等，其数额可以与每年偿付本息总额相等、可以为每年还本付息总额的 120% 等。偿债准备金并不是随时存在的，要求其存续不能超过债券期限，而有的地方政府会要求至少一半

---

① 上表中的资本支出除了用于一般政府运行外，其他应都为公共资本支出。

② 参见李萍. 财政体制简明图解 ［M］. 北京：中国财政经济出版社，2010：280.

③ 参见 ［美］罗伯特·齐普夫. 市政债券运作 ［M］. 叶翔，王琦，译. 北京：清华大学出版社，1998：35 - 39.

的准备金期限不能超过 10 年。①

最后，构建了偿债危机事后处置法律制度体系。该制度体系主要由《美国破产法》和以各州为代表的救助法律制度构成。

由于美国州和地方政府都具有较强的独立性，都有权根据本地区公共资本支出需要决定是否借债、借债规模等且都自己承担偿债责任，所以美国法律通常规定上级政府不得对下级政府实施救助，对于符合破产条件的地方政府根据《美国破产法》实施破产（见表 2 - 2）。②

表 2 - 2　《美国破产法》第九章的主要内容③

破产条件	破产申请主体：地方政府（县、市、镇、学区、特别区），不包括州政府
	破产申请程序：地方政府获得州政府的授权
	破产财政状况：地方政府陷入支付不能状态（以债务人是否即刻有现金可偿还债务为标准）
	破产协议状况：地方政府有债务重组计划并与债权人进行了必要的协商
破产程序	破产启动阶段：破产法院审查是否符合以上四种破产条件
	债务重组和财政调整阶段：首先，债务人提出债务重组计划、债务展期、利息减免等偿债手段，并与债权人达成协议；对于同意破产的案件，由破产法院启动债务人破产保护。其次，债务人应主动进行财政调整使收支相统一，借款和偿债能力相统一。
	破产终结阶段：如果地方政府通过债务重组达到财政的良性运转，对已到期和未到期债务进行了妥善安排，地方政府就可以向破产法院申请破产终结，并且只有破产终结的地方政府才能获得重新进行投资性支出的机会。

但是，《美国破产法》第九章并不是使地方政府真正破产的法律规定，而是旨在通过一个全面的破产程序的设计来帮助困境中的地方政府妥善处理

---

① 参见李萍．地方政府债务管理：国际比较与借鉴［M］．北京：中国财政经济出版社，2010：93.
② 例如，美国有些州（如伊利诺伊州）的宪法中明确规定，绝不允许州政府直接承担地方政府债务责任。转引自章江益．财政分权条件下的地方政府负债——美国市政公债制度研究［M］．北京：中国财政经济出版社，2009：102.
③ 该表内容参见刘瀚波．美国地方政府破产制度探析［J］．经济与管理研究，2015（5）：101－102.

财政危机而获得重生。① 因为美国认为地方政府与一般的公司企业不同，它必须能为公众提供最基本的公共服务，如果真正使其破产，公众的基本生活就得不到保障。所以，该法主要是通过法定条件和程序使债权人和地方政府重新达成有关债务清偿的协议，地方政府必须承诺在一定时间内偿还债务，实则形成了对地方政府的保护。②

虽然，美国法律对地方政府偿债危机以不救助为原则，但是在实践中这种不救助并不是绝对的，也有地方政府在得到了上级政府的救助，并通过得当的法律规范措施解决了债务危机。例如，1975 年纽约市在发生地方债务危机后，联邦政府和州政府都给予了财政救助。1975 年 11 月，州议会决定向纽约市政府注资 8 亿美元；1975 年 12 月联邦政府同意对纽约市提供总计 23 亿美元的救助。但是，美国实施的这种救助并不是单纯的资金救济，而是在救助的同时对地方政府行为进行必要的法制约束，使地方政府在得到救助后仍能严格约束自己的行为而不易产生对上级政府的救助依赖。1975 年 9 月，纽约州议会就针对纽约市出现的市政债务危机制定了《财政紧急事态法》。该法主要确立了债务危机专门处置机构"纽约州紧急财政控制委员会"（以下简称"委员会"）的法定地位并对纽约市在以下方面拥有强力权限，包括：预算总额决定权、所有财政政策（收支预估、财政计划）决策制定的参与权、借债决定权、市全部收入保管权（统一在该委员会银行账户保管）等。

纽约市根据"财政 3 年计划"进行了九项行政财政改革，主要内容包括：1975 年削减了超过 20% 的常务公务员人数；将福利收益人数从 1972 年的 1265300 人削减到 931600 人；市立大学收费化；地铁票价提高 40%；关闭 15 间消防局；削减 77 家幼儿园的经费支出；通过市公务员旷工管理计划，旷工人数减少 33%；削减公务员特别津贴 4100 美元；削减一般会计原则统计下的赤字额 10 亿美元；改革政府会计，引入新的财务管理体系。由于在采取上述措施后，纽约市仍然没有摆脱债务危机，1978 年 7 月《财政

---

① See Kimhi O. Chapter 9 of the Bankruptcy Code: A Solution in Search of a Problem [J]. Yale Journal on Regulation, 2010 (27): 367.

② 参见刘瀚波. 美国地方政府破产制度探析 [J]. 经济与管理研究, 2015 (5): 101 - 102.

紧急事态法》又进行了修改，确立了"委员会"长期存在的法律地位，并规定纽约市将制定"财政3年计划"改为必须每年制定"财政计划"并经"委员会"的批准后公示。经过上述制度的实施，1986年6月30日，纽约市大幅度提前偿还了债务，从而显示了这套制度体系的有效性。①

（四）美国地方市政债务行为监管法律制度考察

在美国地方政府债务行为监管制度中，市场机制和层级机制都起到了重要作用。在市场机制的作用中，主要表现为针对地方政府的信息披露制度；在层级机制的作用中，主要表现为对地方政府偿债风险预警的事前监管制度。

第一，在信息披露方面，美国主要在《证券法》和《15c2－12规则》中通过对地方政府信息披露行为的规制实现了对其债务行为的监管。美国在1975年《证券法》中制定了针对地方政府信息披露行为的反欺诈条款。该条款并没有对具体的信息披露内容作出规定，而是规定了地方政府存在信息披露欺诈情形时应承担的责任。该条款规定，市政债券发行人在进行定期报告和重大事项报告时，不得对重要事实做出不实陈述，也不得在公告时遗漏重要信息，否则其须承担对债券购买人的赔偿责任。《15c2－12规则》是由美国证监会（以下简称SEC）于1989年制定的，并在1994年、2008年和2010年分别进行了三次修订。该法主要规定了围绕地方政府进行持续性信息披露的相关规范。修订后的该规则主要包括以下内容：第一，如果发行人不愿意持续披露包括财务状况和经营数据在内的年度报告和重大事项，承销商不得承销其发行的市政债券；第二，必须建立市政债券市场电子数据库系统（EMMA系统），市政债券发行人必须在该系统中持续披露年度报告和其他重大事项；第三，对上述重大事项《15c2－12规则》采用列举的方式作出了规定，包括了本金和利息支付拖欠；信用评级的变化；发行人出现破产、无力偿债、接管或类似事件等12项内容。② 此外，美国联邦政府所属

① 参见魏加宁等．地方政府债务风险化解与新型城市化融资［M］．北京：机械工业出版社，2014：92－101．

② 参见张亚秋，赵英杰．美国市政债券监管体系及其对我国地方政府自主发债监管的启示［J］．金融监管研究，2014（6）：73－74．

的 SEC 根据反欺诈条款对地方政府违反信息披露义务的行为行使事后追究的权力，涉及的责任人员将会受到 SEC 的指控。①

第二，通过财政监测的法制化流程实现对地方政府偿债违约风险预警的事前监管。该制度是为了监测包括地方政府是否存在偿债违约行为在内的财政风险而建立的。在美国地方政府的风险预警制度中，最为著名的是俄亥俄州的《地方财政紧急状态法》（code on local fiscal emergencies）。鉴于 20 世纪七八十年代美国地方政府几次出现的债务违约事件，美国政府间关系咨询委员会（Advisory Commission on Intergovernmental Relations）建议各州政府建立地方财政健康状况监测制度以防止债务危机的发生，为此俄亥俄州以上述法律形式对其进行了规范。② 该法主要对财政监测管理程序和地方政府处于财政紧急状态的条件进行了规定。

财政监测主要包括以下程序：州审计局对地方政府进行财政核查；根据不良财政状况标准发布书面预警名单；对列入预警名单的地方政府进行财政监测；对财政状况进一步恶化的地方政府列入危机名单（或达到预警的财政状况消失则宣布将该地方政府从预算名单中消除）；州成立"财政计划与监督委员会"监控地方政府财政管理；地方政府首席执行官向监督委员会提交财政改革计划。而构成地方政府财政紧急状态的条件主要包括六种测试，其中在与债务风险有关的第一项债务违约测试中，如果债务违约达到 30 天以上，经过财政核查后的该地方政府处于财政紧急状态则被列入预警名单。③

此外，美国还通过市场化的信用评级机制来实现对地方政府一般债券债务行为的监督。信用评级对于债券市场主体具有重要的作用。对于发行人而言，其债券获得的信用评级越高，投资者的认可度就高，地方政府的借债成本也就越低，反之其借债成本则越高，地方政府借债成本的上升也就预示着

---

① 参见刘云中. 美国对市政债券的监管及其启示 [J]. 证券市场导报，2004（10）：36 - 40.

② 参见李萍. 地方政府债务管理：国际比较与借鉴 [M]. 北京：中国财政经济出版社，2009：89 - 90.

③ 参见李萍. 地方政府债务管理：国际比较与借鉴 [M]. 北京：中国财政经济出版社，2009：91.

其偿债违约风险的增大；而对于投资者而言，可以根据信用评级的结果通过对地方政府信用的识别选择债券的买入或卖出。① 所以，一方面信用评级对于发行人的偿债能力起到了重要的监督作用，另一方面投资者通过信用评级相关信息的公开对发行人与债务有关的财政行为也会形成监督。

穆迪、标普和惠誉是美国主要的三大信用评级机构。美国的信用评级采用阶段性评级的方法共分为两个阶段。第一个阶段是首次评级阶段，需要选择一家或两家信用评级机构进行评级；第二个阶段是债券信用级别调整阶段，需要选择两家评级机构进行双评级。② 虽然三大评级机构的评级方法不同，但是都主要针对美国地方政府的一般债券进行信用评级，其共同的评级要素主要包括四个方面：发行人的债务结构以及负债总额，发行人实行稳健预算政策的能力及有关约束规定，发行人可获得的税收、政府间收入、税率以及财政预算对某项收入来源的依赖程度等历史资料，发行人所处的经济社会环境等。而对收入债券来说，无论具体类型如何，其评级内容都主要是债券融资项目是否会产生足够的现金流以支付给债券持有人。③

第二节　日本地方自治下地方市政债法律制度考察

日本《宪法》和日本《地方自治法》确定了地方政府（都道府县和市町村）的自治地位。④ 其中《地方自治法》确立了各级地方政府的借债权以及事权和支出责任，《地方财政法》在此基础上规定了地方政府债务资金的使用方向，并将地方政府借债的"严格审批制"转型为"严格审批制"与"协商制"相结合的监管模式，在保留上级政府对特殊事项审批监管权的同时通过协商程序强化了地方议会对地方政府借债行为的民主监督。

---

① 参见［美］罗伯特·齐普夫. 市政债券运作［M］. 叶翔，王琦，译. 北京：清华大学出版社，1998：148.
② 参见谢多. 市政债券融资手册［M］. 北京：中国金融出版社，2015：127.
③ ［美］弗兰克·J. 法博齐，弗朗哥·莫迪利亚尼. 资本市场：机构与工具［M］. 唐旭，译. 北京：经济科学出版社，1998：524.
④ 参见李萍. 财政体制简明图解［M］. 北京：中国财政经济出版社2010：288.

一、日本宏观经济背景下地方市政债的历史发展

从 20 世纪 50 年代中期开始,受国家和地方财政危机、经济危机的影响,日本地方政府开始了大规模借债时期,共经历以下四个阶段:①

第一个阶段始于 20 世纪 50 年代中期,受中央政府紧缩政策和地方政府财政支出急剧增加的影响,日本地方政府出现了二战后的首次财政危机。从 1956 年开始地方市政债的发行规模不断增加。据数据显示,1955 年地方市政债的发行规模为 967 亿日元,到 1956 年就增长到 1134 亿日元,增长速度为 17.2%,债务依存度一度达到 9.1%。② 此后,日本地方市政债发行规模的增长处于起伏变化状态,1957 年为 - 42.3%,而 1959 年的增长速度则又达到 27%。

第二个阶段始于 20 世纪 60 年代中期,日本地方政府在地区开发政策的影响下财政赤字不断加剧,导致了二战后的第二次地方财政危机。为了应对此次危机,日本地方政府开始了第二次大规模借债,地方市政债的发行规模从 1964 年的 2104 亿日元增加到 1965 年的 3139 亿日元,年增长速度为 49.2%,债务依存度也从 1964 年的 5.38% 提高到 1965 年的 7.01%,1966 年达到 7.86%。

第三个阶段始于 20 世纪 70 年代,日本受世界石油危机的影响,经济出现了严重滞涨,中央发生了财政危机。在地方交付税制度③无法保障地方财源的情况下,作为应对危机的手段,地方市政债被再次启用,地方市政债发行规模从 1974 年的 19254 亿日元增长到 1975 年的 31799 亿日元,增长速度达到前所未有的 65.2%,债务依存度也从 1974 年的 8.20% 上升至 1975 年的 12.21%,1978 年则一度达到 12.78%。

第四个阶段始于 20 世纪 90 年代,由于泡沫经济的破灭,日本经济陷入

---

① 参见魏佳宁等. 地方政府债务风险化解与新型城市化融资 [M]. 北京:机械工业出版社,2014:279.

② 债务依存度是反映当年地方政府财政支出对借款的依赖程度。日本规定债务依存度在 20% ~ 30% 的地方政府不得发行基础设施建设债券。财政部预算司. 国外地方政府债务规模控制与风险预警 [J]. 经济研究参考,2008 (22):9.

③ 地方交付税制度是中央政府对地方政府的财政转移支付制度。王朝才. 日本财政法 [M]. 北京:经济科学出版社,2007:147.

了长期停滞阶段。为了刺激经济，地方市政债再次被大规模增发。1990 年为 62579 亿日元，1992 年就增长为 101007 亿日元，增长速度达到 40.5%。从 1992 年至 2003 年，日本债务依存度一直保持在 11% ~ 17% 之间，其中 1995 年达到 16.8%，为战后最高水平。据可查证的最新数据显示，截至 2009 年 6 月，日本地方市政债的总规模已达到 41.76 万亿日元。①

二、日本地方市政债务行为法制规范考察

（一）日本地方市政债举借行为法制规范考察

第一，确立了多级地方政府的借债权主体地位。日本《地方自治法》第 230 条规定，允许普通地方公共团体依法借债。普通地方公共团体（日本地方政府）是指都道府县和市町村。② 都道府县和市町村构成日本二重制的地方政府自治体系。市町村是与居民最靠近的第一层自治体，属于日本的基层地方政府；都道府县是包括市町村的第二层自治体，属于广域地方政府。在二重制的地方自治框架下，日本主要根据人口密集程度又将市分为政令指定都市（人口 50 万以上）、核心市（人口 30 万以上）和特例市（人口 20 万以上），其他市则为一般市。③

另外，日本除了上述借债权主体外，其地方公营企业也享有借债权，可以发行地方市政债（公营企业债）。④ 但是，由于地方公营企业和日本地方政府有千丝万缕的联系，尤其是当其发生偿债危机时地方政府将成为最终的偿债人。

日本地方公营企业具有以下特征：一是，该企业具有企业的性质，是进行独立核算的经营机构；二是，其虽然名为"企业"，但是并不具有独立的法人资格，实则为地方政府直接经营的"事业"，从属于地方政府，是地方政府的一部分。所以一旦该企业出现经营危机不能偿还时，日本地方政府就

---

① 周沅帆. 城投债——中国式市政债券 [M]. 北京：中信出版社，2010：39.
② 参见万鹏飞，白智立. 日本地方政府法选编 [M]. 北京：北京大学出版社，2009：23.
③ 参见 [日] 礒崎初仁等. 日本地方自治 [M]. 张青松，译. 北京：社会科学文献出版社，2010：36 - 41.
④ 日本《地方财政法》第 6 条规定，"公营企业必须以经营收入包括根据本法第 5 条规定发行地方债的收入作为经费的财源"。王朝才. 日本财政法 [M]. 北京：经济科学出版社，2007：153.

是其最终的债务承担者而形成地方政府的隐性担保之债；三是，日本相关法律规定，地方公营企业的经营原则是在增进公共福利的同时，提高经济效益，要以最少的投入达到最大的效果。这就是使其经营原则兼具了公共性和经济性。前者要求该企业的经营目的必须以提高居民福利水平为前提，而不是追求利润最大化；而经济性则允许该企业在实现公共性的基础上，通过收取相关费用实现盈利。① 为了保证该企业的公共性，日本《事业法》还规定，地方公营企业欲改变收费标准必须向中央政府提交业务报告并得到中央政府的批准。基于地方公营企业与地方政府的上述特殊关系，其也被称为"地方政府平台"，主要从事供水、工业用水、汽车运输、铁路、电力、燃气及其他由地方政府判断的事业。②

第二，运用多种地方市政债券发行方式举借债务。日本《地方财政法》第5条之5中的第1项规定："地方政府采用发行债券的方式发行地方债时，可依据政令规定，采用募集、销售或交割的方式。"③ 募集是首先公布地方市政债券的发行条件，让投资者提交认购申请书竞价，申请者按价格高低顺序缴纳现金后发行债券。根据募集对象的多少和是否公开招标，募集包括公募和私募两种形式。公募就是通过债券市场已发行地方市政债券筹集资金的方式。在日本只有实力较强的地方政府才采取公募的方式，现在有27个地方政府采用了这种方式。私募是地方政府直接向辖区内与其有一定业务关系的营业机构发行地方市政债券筹集资金的方式。而私募的对象主要包括共济协会、银行、保险公司等金融机构、受益于地方公共事业的公司（填海工程承包商等）、保险公司等。销售是首先公布包括价格在内的发行条件和销售期间，申请者按在规定期间申请的先后顺序销售债券。交割是与债权人约定在债券到期时不直接支付现金（以后支付现金）而支付地方市政债券的一种发行方式。④

① 参见魏佳宁等. 地方政府债务风险化解与新型城市化融资［M］. 北京：机械工业出版社，2014：401.
② 参见魏佳宁等. 地方政府债务风险化解与新型城市化融资［M］. 北京：机械工业出版社，2014：408－414.
③ 王朝才. 日本财政法［M］. 北京：经济科学出版社，2007：153.
④ 参见周沅帆. 城投债——中国式市政债券［M］. 北京：中信出版社，2010：40－41.

（二）日本地方市政债使用行为法制规范考察

日本主要通过《地方财政法》以列举的方式对地方市政债的使用方向作出了规定。《地方财政法》第 5 条第 1 项规定，禁止地方政府将地方市政债收入作为财政支出的财源，但是对符合以下五类用途的财政支出可以通过地方市政债弥补。第一，作为交通、煤气、自来水及其他地方政府运营的企业（公营企业）所需经费的财源；第二，作为出资资金和融资资金的财源（包括以出资或融资为目的购置土地或物品所需经费的财源）；第三，作为地方市政债借新还旧所需经费的财源；第四，作为灾害应急费、赈灾费和灾害救助费的财源；第五，作为学校及其他文教设施、托儿所及其他福利设施、消防设施、道路、河川、港湾及其他土建设施等公共设施费，以及征购公用土地或其替代土地的征地费（包括购买该土地所必需的土地所有权以外的相关权利所需经费）的财源。①

虽然日本《地方财政法》对地方市政债的使用作出了上述规定，但是该规定只是原则性的规定，出于其他经济背景和相关政策的考虑，在日本也可以通过特别立法的方式发行地方市政债用于其他用途。如 1975 年财政危机后，日本就发行了一定数量的赤字地方市政债（"地方税临时减收填补债""财政对策债"等）。②

（三）日本地方市政债偿还行为法制规范考察

其一，采用多种地方市政债偿还方式。日本地方市政债的偿还方式分为三种：到期一次性偿还、本息均等偿还和本金均等偿还。到期一次性偿还是指在到期日将全部本息一并偿还，这种方式主要用于市场公募资金；本息均等偿还是指每期偿还的本金加利息金额相同，这种方式主要用于政府资金和部分的公营企业公库资金；本金均等偿还是指每期偿还的本金金额相同，这种方式主要用于关系资金和另一部分公营企业公库资金。后两者统称为"定时偿还"。③

---

① 参见王朝才.日本财政法［M］.北京：经济科学出版社，2007：148 - 149.
② 参见魏佳宁等.地方政府债务风险化解与新型城市化融资［M］.北京：机械工业出版社，2014：284.
③ 魏佳宁等.地方政府债务风险化解与新型城市化融资［M］.北京：机械工业出版社，2014：346 - 347.

其二，规定偿债准备金制度作为提前偿债保障。日本《地方财政法》第 4 条第 4 项中规定，该准备金可以作为提前偿还地方市政债的财源。这种用准备金提前偿债的方式是日本实现财政稳健运行的重要手段。《地方财政法》第 4 条第 3 项规定了偿债准备金的法定来源，即主要来自年度预算中地方交付税收入较之于其财政支出有明显结余的部分或年度一般财源金额（普通税等）超过上年度的一般财源金额且该超额部分明显超过本年度新增加义务的一般财源支出金额。①

（四）日本地方市政债务行为监管法律制度考察

日本主要在《地方财政法》第 5 条第 3 项和第 5 条第 4 项中规定了对日本地方政府债务行为的监管内容。该内容突出了地方政府自行借债的重要地位，加强了地方议会的监管作用并辅之以政府层级之间监管制度的构建。就监管模式而言，该法针对特殊事项和一般事项分别采取了"严格审批制"和"协商制"相结合的监管方式。②

一方面，《地方财政法》仍然在一定程度上保留了原来"严格审批制"的监管模式，以列举的方式规定了必须进行审批的特殊事项，即下一级地方政府在发生该特殊事项时必须经过上一级政府的审批而不需要协商（第 5 条第 4 项）。③

另一方面，除上述特殊事项外其余则为一般事项，《地方财政法》对其采取了"协商制"的监管模式，主要制定了相关主体之间的协商程序，即

①　参见王朝才. 日本财政法［M］. 北京：经济科学出版社，2007：147 - 148.
②　2006 年以前，对日本地方政府市政债务行为的监管一直实行严格的审批制，日本旧《地方自治法》第 250 条规定，现阶段地方公共团体在地方债的发行方式、利率、偿还方式等方面，必须获得自治大臣或都、道、府、县知事的许可。在这样的审批制下，由于审批手续复杂，耗费时间长，地方政府多采取私募形式发行债券，公募形式受到了限制。而且这种审批制相当于将地方政府借债的风险最终转移到上级政府，反而容易刺激地方政府过度借债。所以，从 2006 年开始，日本以"协商制"在一定程度上代替了原来的"严格审批制"。参见李萍. 地方政府债务管理：国际比较与借鉴［M］. 北京：中国财政经济出版社，2009：149.
③　对上述特殊事项可概括为 6 项内容，主要包括：地方政府相关财政指标超过一定限额；延迟地方政府债还本付息支付；过去存在地方债延迟还本付息情形，将来仍有此情形发生的可能并经总务大臣指定的地方政府；根据"协商制"未经协商同意事项且由总务大臣依政令指定该地方政府；在根据"协商制"提供的相关文件有虚假记载或其他不正当行为且由总务大臣依政令指定该地方政府；地方政府在其经营的公营企业出现经营状况恶化而发行地方市政债所涉及的事项。参见王朝才. 日本财政法［M］. 北京：经济科学出版社，2007：150 - 151.

首先由下一级地方政府（都道府县或市町村）就上述事项与上一级政府协
商；下一级地方政府在未获得同意的情况下必须与本级地方议会进行协商；
如果本级地方议会有正当理由无暇召集议会或者有相关政令的规定，那么该
地方政府也可以自行处理上述事项，但必须在下一次议会开会时进行报告。
此外，该法还规定了取得协商同意后的激励政策，即只有在上述事项协商中
得到总务大臣或都道府县知事同意的地方市政债，才可以使用相关公共资
金，如中央政府的财政投融资资金等。①

第三节　法国单一制下地方市政债法律制度考察

虽然法国在 1982 年经历了分权化改革，使地方政府拥有了一定的自治
权（包括借债权和事权），但是仍然保留了中央高度集权的特征，尤其在对
地方政府债务行为监管中，形成了中央政府自上而下完整的监管体系。

一、法国地方市政债务行为法制规范考察

在地方市政债的举借行为上，法国各级地方政府都享有较充分的借债自
治权，而无需中央政府审批。② 法国地方政府这种借债权主体地位的确立与
法国的分权化改革有直接联系。

法国在历史上是一个传统的单一制国家，中央集权是其最主要的政治体
制特征。在 1981 年的总统选举中，法国社会主义者引进了政府分权理论，
旨在加强地方政府的权威，实现公共生活的民主化。③ 法国在分权化改革中
曾坚持一条重要原则，即"权限整体转移原则"。中央政府和地方政府之间
以及各级地方政府之间都坚持将整体权限赋予一级政府以明确各级政府责

---

① 上述为日本《地方财政法》第 5 条第 3 项的主要规定，其中一般事项包括借债目的、借债
限额、借债成本（利率）、借债对象、偿还方式等。参见王朝才. 日本财政法 ［M］. 北京：经济科
学出版社，2007：149 – 150.

② 参见张志华等. 法国的地方政府债务管理 ［J］. 经济研究参考，2008（2）：32.

③ 参见刘丽，张彬. 法国政府间事权、税权划分及法律平衡机制 ［J］. 湘潭大学学报（哲学
社会科学版），2013（6）：65.

任，从而保证了政府运行效率。① 该原则在《权力下放法案》中就得以体现。1982 年以《权力下放法案》为标志，法国启动了分权化改革，中央政府和地方政府的关系发生了有史以来最深刻的变化。该《法案》确立了大区、省和市镇三级地方自治团体地位。其第 1 条规定："市镇、省和大区由选举产生的议会自行管理。"在此基础上，该《法案》规定地方政府对本地区事务享有自治权。只要地方政府的决策内容符合国家的法律和法令，中央政府就不得干涉，也无需得到中央政府的审批。②

在地方市政债的使用行为上，法国法律规定地方市政债只能用于公共资本支出或偿还旧债本金，不能用于弥补政府经常性预算缺口。③ 法国在分权化改革过程中，以《权力下放法案》为依据还相继颁布了一系列法律和法令，将过去由中央政府行使的事权陆续下放给地方政府，并对中央政府和地方政府的事权进行了明确的划分，从而对各级地方政府公共资本支出具体使用范围的确定有重要的作用。涉及地方政府间事权划分的法律和法令主要有《权力下放法案》、《市镇、省、大区和国家权限划分法》、《交通、公共教育、社会服务和保健权转移法》、《巴黎、马赛和里昂的行政组织及市镇之间合作的公共机关法》以及《地方政府服务法》。在这些法律和法令中，法国大区的事权包括：经济发展、一部分运输、基础设施、职业培训、卫生健康等；省政府事权包括：社会事务、建设和维护道路等；市镇事权包括：建设和资助小学、废物处理、福利事业等。④

在地方市政债偿还行为上，法国将地方税收、中央对地方的各类财政转移支付、新债资金（借新还旧）作为地方政府偿债保证。遵循"权限整体转移原则"，法国中央政府和地方政府之间在税权方面也进行了明确的划分，但是与借债权和事权下放不同的是，中央政府仍然保留了对税收的绝对

---

① 参见张丽娟. 法国中央与地方事权配置模式及其启示 [J]. 中共中央党校学报，2010 (3)：94.

② 参见唐健强. 法国中央与地方关系中的监督机制及其对我国的启示 [J]. 上海行政学院学报，2004 (6)：34.

③ 参见李萍. 地方政府债务管理：国际比较与借鉴 [M]. 北京：中国财政经济出版社，2009：198.

④ See Cole A. Decentralization in France: Central Steering, Capacity Building and Identity Construction [J]. French Politics, 2006 (1)：35 – 36.

控制权，突出了中央集权的特征。其中，税收立法权仍然归中央享有，由中央统一制定法律规定全国税收征收管理和使用等；税收收入较多且征收稳定的税种仍保留在中央政府。在 1980—2000 年间，中央政府掌握了 80% 的税收收入。2000 年后，虽然地方政府税收收入有所增长，但是 70% 的税收收入仍由中央政府控制。为了解决事权与税权不匹配的问题，法国的财政转移支付是一种重要的财力补充手段。① 在地方收入来源中，地方税收所占比重最大，为 50%；中央对地方的财政转移支付次之，为 25%；服务性收费收入为 15%；而地方债务收入比例最小约为 10%。② 此外，法国各级地方政府还建立了偿债准备金制度作为其不能按时偿债时的风险防范措施。③

二、法国地方市政债务行为监管机制考察

虽然法国实行了分权化改革，但是并没有进行绝对的分权，除了表现为中央政府对税权的控制外，中央政府对地方政府还采取了有效的监管机制，这种监管机制也在地方政府债务行为中体现出来，主要包括政府间内部监管机制和政府外部监管机制。

一方面，就政府间内部监管机制而言，法国主要通过财政部及其派驻各省、市镇的财政监督机构进行监管。隶属于财政部的国库司是国家财政监督的代理机构，法国在其内部设立了专门的债务管理部门（"债务管理中心"），负责对各级政府的资产负债情况进行日常监管，确保其及时偿还债务。而财政部的派驻机构主要负责对各级地方政府借债环节的事前监管。地方政府欲借债时须向派驻机构征求意见以求得同意；如果在派驻机构作出不同意的决定时，地方政府也可以自行发债，但必须说明分歧意见并承担自行发债后的全部债务责任。

另一方面，就政府外部监管而言，法国地方议会和审计法院都发挥了重要作用。法国已将地方政府债务全部纳入了预算管理制度中，地方议会通过

---

① 参见刘丽，张彬. 法国政府间事权、税权划分及法律平衡机制 [J]. 湘潭大学学报（哲学社会科学版），2013（6）：67.

② 参见李萍. 地方政府债务管理：国际比较与借鉴 [M]. 北京：中国财政经济出版社，2009：198.

③ 参见张志华等. 法国的地方政府债务管理 [J]. 经济研究参考，2008（2）：32.

对包括债务预算在内的预算草案进行审批实现对地方政府借债的事前监督。法国的审计法院是不受行政干预的独立的国家机构,主要对各级政府包括债务在内的财政行为进行事中和事后的监管。包括检查各级政府资金使用情况,专门设立预算纪律法庭对各级政府领导人员违反财经纪律的案件进行审理并采取纠正、赔偿或逮捕的处罚措施。①

可见,虽然法国对地方政府债务行为的监管取消了中央政府的事前严格审批制,但是中央政府并没有完全放松对地方政府债务行为的监管,而是采取了不同的监管方式,由原来的中央政府直接监管改为通过派驻机构的间接监管;由中央政府单一监管形成了政府内部和政府外部双重的多层次监管体系。

第四节　印度过渡期地方市政债法律制度考察

一、印度分权化进程中地方市政债的历史发展

印度是一个具有中央集权特征的联邦制国家,由三级政府构成,包括中央政府、邦政府和邦以下地方政府,邦以下地方政府又分为农村地方政府和城市地方政府。② 1990 年印度政府进行了财税制度改革,确立了"一级政府,一级事权"的分税制财政体制。这种财政体制虽然在一定程度上促进了地方经济发展,但是却出现了"事权下移、财权上移"的现象。地方政府税收收入有限而市政建设任务却加重了,因此需要承担更多的财政支出责任。同时,中央政府对地方政府转移支付逐渐减少,这些都导致了邦政府财政收支缺口的扩大。③

1995 年 11 月,印度政府在一次国家会议上首次提出将地方市政债券作

---

① 参见李萍. 地方政府债务管理:国际比较与借鉴 [M]. 北京:中国财政经济出版社, 2009:202 - 203.

② 参见郑前程. 印度地方财政现状探析 [J]. 理论月刊, 2003 (9):54.

③ 参见林力. 印度地方政府债务融资研究:规模、结构及监管实践 [J]. 南亚研究季刊, 2015 (1):102.

为地方政府进行城市化基础设施建设的筹资方式。① 从 2006—2007 年起，所有邦政府都通过市场化机制发行了地方市政债券。如下所述，印度法律对市政府借债进行严格的限制，目前有 10 个市政府发行了地方市政债券。② 截至 2012 年，地方市政债融资比例达到了 78%，改变了过去完全依靠中央银行贷款的融资结构，金融市场成为印度地方政府最重要的融资渠道。③

二、印度地方市政债务行为现行法制规范的内容

印度地方市政债务行为现行法制规范的内容主要体现在印度《宪法》和《1914 年地方政府贷款法案》（以下简称《1914 年法案》）中，二者分别对邦及其以下地方政府借债以及偿债危机下中央政府救助义务进行了规定。

首先，在借债权主体方面，《宪法》第 293 条第 1 款明确赋予了邦政府借债权主体地位。该条规定，邦政府在印度领土范围内可以进行借款，邦立法机构应对这种借款给予一定条件的法律限制（但是这种限制迄今并没有固定下来）。④ 而对于邦以下地方政府的借债权《1914 年法案》给予了严格限制，规定地方政府借债必须得到邦政府的批准，否则不得借债。⑤ 其次，在借债渠道方面，第 293 条第 2 款规定，中央政府在符合一定条件下可以向任一邦政府提供贷款。再次，在举借新债方面，第 293 条第 3 款规定，在邦政府对中央政府债务尚未还清的情况下，未经中央政府批准不得举借新债。但是该条第 4 款又强调，在中央政府批准的情况下，邦政府可以举借新债；最后，《宪法》第 360 条规定，中央政府在印度或部分地区发生财政危机时应提交紧急解救方案并采取更为谨慎的财政措施。⑥

---

① Wadadekar A. Municipal Bond and India [J]. The Indian Chartered Accountant, 2011(11)：87.

② 参见李萍. 地方政府债务管理：国际比较与借鉴 [M]. 北京：中国财政经济出版社，2009：316–318.

③ 参见林力. 印度地方政府债务融资研究：规模、结构及监管实践 [J]. 南亚研究季刊，2015（1）：108.

④ 参见李萍. 地方政府债务管理：国际比较与借鉴 [M]. 北京：中国财政经济出版社，2009：317.

⑤ 参见林力. 印度地方政府债务融资研究：规模、结构及监管实践 [J]. 南亚研究季刊，2015（1）：106.

⑥ 参见李萍. 地方政府债务管理：国际比较与借鉴 [M]. 北京：中国财政经济出版社，2009：318.

三、印度地方市政债务行为法制规范的发展①

由于印度《宪法》缺乏借债上限以及债务使用方面的规定，导致从 20 世纪 90 年代到 2005 年印度邦政府的经常性赤字非常严重。为此，印度从中央到各邦都制定了旨在促进邦政府财政改革、完善财经法律的财政改革计划。

中央政府的财政改革计划主要就邦政府借债行为进行了约束，主要包括借债渠道、借债期限和借债监管的规定。在借债渠道方面，禁止中央政府对邦政府借款，邦政府应采用市场化的招投标方式通过发行债券的形式获得债务收入；在借债期限方面，规定邦政府可以举借 10 年到 12 年期债券；在借债监管方面，规定由财政部确定邦政府年度借债上限以约束其年度借债规模。

各邦的财政改革计划主要体现在三个方面，包括债务使用方向、偿债保障制度以及债务监管机构的设立。在债务使用方向方面，印度奥里萨邦政府首先确定了债务使用的黄金规则，即邦政府借债只能用于公共资本支出，而不能用于弥补经常性赤字。这一规定得到了印度各邦的普遍接受。在偿债保障制度方面，印度有 14 个邦政府依靠投资收益建立了统一偿债基金制度，2008 年 3 月该基金总额已从 2004 年的不足 10 亿美元上升至 40 亿美元。在债务监管机构的设立方面，印度有 4 个邦政府设立了"债务管理办公室"，履行制定中长期借债计划，确定债务结构和期限，对邦政府债务组合、财政收支等进行定期审查的职能。

在上述财政计划的实施下，印度邦政府的债务问题得到了较好的解决。以奥里萨邦为例，债务余额占 GDP 的比重持续下降，从 2002—2003 财年的 61.2% 下降到 2008—2009 财年的 36.7%，下降了 24.5 个百分点。

---

① 本部分内容参见李萍. 地方政府债务管理：国际比较与借鉴 [M]. 北京：中国财政经济出版社，2009：315 – 316.

第五节　典型国家地方市政债法律制度评价

一、地方市政债法律制度效力的强化

域外典型国家都主要通过法律的形式对地方市政债务行为作出了相关规定。美国地方市政债务行为法律制度主要体现在全国性法律、州《宪法》、州法律等立法规范中。在全国性法律和州立法中分别确立了地方政府授权机构或代理机构、州及其所属地方政府的借债权主体地位；各州通过《宪法》或法律规定了地方市政债的使用方向；《美国破产法》规定了地方政府偿债危机下的破产条件和破产程序；以俄亥俄州为代表制定了《地方财政紧急状态法》实现了对债务情况的监管；以纽约州为代表制定了《财政紧急事态法》作为与上级政府救助相配套的法律规范。

日本通过《地方自治法》规定了地方政府（都道府县及市町村）的借债权主体地位；在《地方财政法》中主要对地方市政债的借债方式、使用方向、偿债期限、偿债准备金制度以及中央政府对债务行为的监管作出了规定。

法国以《权力下放法案》为依据赋予了地方政府对本地区事务的自治权，为地方政府借债权的有效实现提供了根据。此外，法国还通过诸多法律制度对中央政府和地方政府之间以及地方政府之间事权（支出责任）进行了明确的划分，从而为地方市政债使用涉及的公共资本支出的基本范围提供了法律依据。

印度主要通过《宪法》和《1914年法案》对地方政府借债权、借债渠道、举借新债以及中央政府救助义务进行了规定。

二、地方市政债法制内容的全面性和丰富性

从总体来看，域外典型国家具有较全面的地方市政债法制管理经验，尤其是美国和日本在经历长期的历史实践后形成了针对地方市政债借、用、还行为较完整的法制规范内容。同时，各国在对地方市政债务行为的法制规范

中也体现了多样化的内容,为我们提供了丰富的研究素材。

首先,在地方市政债的举借方面:美国、日本、法国都确定了多级(或多层次)地方政府的借债权主体地位。美国和日本还分别以政府授权或代理机构、"地方平台"的形式确定了地方政府以外的借债权主体,但仍与地方政府存在某种程度的特定关系。此外,美国、日本、印度都采取了市场化的借债模式,公募的借债方式已经或正在被逐渐认可。

其次,在地方市政债的使用方面:域外典型国家都规定将债务资金主要用于长期性公共资本支出并有较基本的支出方向。美国汉姆市利用法律与科学方法相结合的方式对公共资本支出进行优先排序以提高债务资金的使用效率;日本以列举的方式较为详细地规定了债务资金的用途;法国以一系列法律制度的形式明确了地方政府间的事权划分,其中也当然包括公共资本支出的使用范围。

再次,在地方市政债的偿还方面:域外典型国家都非常注重对偿债行为的规范。其一,在偿债保障方面,典型国家除了以地方政府税收等收入作为偿债保证外,还单独建立了偿债准备金制度作为地方政府偿还债务的保障措施。美国、法国和印度的偿债准备金制度主要用于地方政府不能偿债时的偿债保障;日本的偿债准备金则主要用于提前偿债保障。其二,在偿债方式方面,美国主要规定了以早赎为特征的提前偿债方式,对节省借债成本、保护债权人利益具有积极作用。其三,在偿债危机处置方面,美国法律普遍作出了不救助的规定,并以《美国破产法》作为地方政府破产处置的法制依据,但仍在实践中表现出了上级政府进行救助的行为内容,并同时对地方政府的财务行为进行了规范。而印度则在《宪法》中对中央政府的财政紧急救助义务进行了原则性规定。

最后,在地方市政债务行为的监管方面:域外典型国家无论规定了何种制度内容,其中都体现了市场机制、层级机制和民主机制的重要作用。

就市场机制而言,美国主要通过信息披露制度和市场化的信用评级体系来实现市场投资者对地方政府债务行为的持续性监督。

就层级机制而言,美国就偿债危机主要通过风险预警法制体系实现了政府层级之间的事前监管。日本和法国都对中央政府严格的、直接的监管方式进行了改革,都采取了协商的方式,从而增强了监管的灵活性并在一定程度上扩大了地方政府的借债权。法国还形成了多层次的层级监管体系，包括政府内部和外部以及事前、事中和事后的层级监管。印度邦政府在财政改革计划中通过设立专门的"债务管理办公室"对地方政府债务行为进行监管。

就民主机制而言，日本和法国的地方议会对地方市政债务行为的监督都起到了重要的作用。日本的地方议会在"协商制"的监管模式下，在本级政府未获同意借债的情况下起到了补充性的协商作用；法国地方议会则主要通过对地方政府借债前债务预算的事前审批起到自身的监督作用。

第三章
新中国成立至今地方市政债法律制度变迁与现状①

第一节　1950—2014 年地方市政债法律制度变迁

一、1950 年法制初创阶段地方市政债法律制度内容

新中国成立初期，东北地区经过长期战乱后百废待兴，而地方财政建设资金严重匮乏。东北人民政府为了迅速恢复生产、筹集经济建设资金，经中央人民政府政务院批准，决定于 1950 年发行东北生产建设折实公债。② 1950 年 2 月 15 日，东北人民政府颁布了《1950 年东北生产建设折实公债条例》（以下简称《东北折实公债条例》），这是新中国成立后第一部有关地方

---

① 需要说明是：一方面，此部分对我国地方市政债法律制度现状的分析仅限于我国新增地方市政债务法律制度的分析。新增地方市政债务是相对于地方政府融资平台时期由于地方政府不规范的债务行为导致的我国大量存量债务而言的一种划分。本书之所以将范围限定在新增债务，是因为对于存量债务我国已经出台了相关解决措施，并且随着我国经济的发展，这一时期的遗留债务问题会逐渐得到解决。我国以新《预算法》为代表的法律制度体系已经在确立地方市政债券（"地方政府债券"）是地方政府唯一规范合法的借债形式的基础上对地方市政债及其相关的地方政府债券行为作出了新的规范性内容，这也是我国新型城镇化战略的要求。此外，《国发〔2014〕45 号决定》文件中也对政府提出了"用好增量资金"的指导思想。所以相对于存量债务而言，对以地方市政债券为新的规范借债形式所产生的新增债务行为法制规范的分析，对我国而言既具有现实意义也符合地方市政债未来法制发展的需要。另一方面，本书研究的主线是地方政府借、用、还的债务行为，本部分内容仅选取与地方政府债务行为直接相关的制度内容作为分析对象。

② 据 1950 年 5 月 9 日《人民日报》报道："随着战争的胜利结束，东北人民政府在毛主席的指示下，及时地将战争供给性的财政，转变为生产建设性的财政，这一正确方针的执行和贯彻，就使得东北区的国民经济的恢复与重建，获得了坚固的财力物力保证。"转引自姜长青. 我国三次发行地方债券的历史考察——以财政体制变迁为视角〔J〕. 金融理论与实践，2010（4）：28.

市政债的地方立法规范，也是国家第一部关于地方市政债的立法规范，开创了地方政府依法借债的先河（见表 3 - 1）。

表 3 - 1　1950 年《东北折实公债条例》的主要内容①

地方市政债务行为规范	主要内容
地方市政债举借行为规范	规定借债权主体、借债总额、借债成本、借债期限
地方市政债偿还行为规范	规定偿债方式
地方市政债务行为监管规范	规定经由中央政府政务院批准借债

此次地方市政债共发行两期，发行对象涉及职工、农民、工商界以及市民等东北各阶层人士。公债一经发行就得到热烈响应，基本实现了发行计划的超额完成（见表 3 - 2）。

表 3 - 2　1950 年东北生产建设折实公债发行情况（单位：千元）②

阶层	计划发行数	实际完成数		
		金额	为计划数的%	各阶层购买数占合计数的%
合计	35426	42046	118.7	100.0
职工	3536	4878	137.9	11.6
农民	4250	2900	68.2	6.9
工商界	24100	29685	123.2	70.6
市民及其他	3540	4583	129.5	10.9

从两期发行总额看，计划发行数为 3500 多万元，而实际发行总额为 4200 多万元，除农民实际认购数少于计划数以外，其余阶层都超额完成了计划任务，其中工商界为认购主力，占总数的 70.6%，职工和市民（其他）

---

①　参见《东北折实公债条例》"目文"的内容。该条例分为"纲文"和"目文"两部分，"纲文"为条例的名称，即"东北发行生产建设折实公债"。"目文"为该条例的内容，具体表述如下："经政务院批准，东北人民政府于本日发布命令和条例，决定发行 1950 年东北生产建设折实公债 3000 万分，该公债募集及还本付息均以实物为计算标准，单位定名为'分'。第一期 1700 万分，定于 3 月 1 日开始发行；第二期发行时间另定。公债每分系以沈阳市高粱米 5 市斤、五福布 1 市尺、粒盐 5 市斤、原煤 34 市斤的市价总合计算；由东北银行总行于每月 1 日、11 日、21 日根据上一旬物价计算公布，作为收付债款的标准。公债分 5 年作 5 次偿还，自 1951 年起每年抽签还本 1 次，第一次抽还总额 10%，以后每次递增总额的 5%，至第 5 次还清。公债利率定为年息 5 厘，也以实物为计算标准，每年付息 1 次。该项公债不准代替货币行使及向国家银行抵押。"
②　财政部国家债务管理司. 国债工作手册［M］. 北京：中国财政经济出版社，1992：350.

超额比率分列第一位和第二位。

除东北外，1950 年 2 月 26 日琼崖区党委为了满足解放海南岛的战时资金需要，经广东省人民政府同意决定发行地方解放公债，并于 1950 年 3 月 4 日颁布了《琼崖临时人民政府解放公债发行条例》（简称《琼崖公债发行条例》）和《琼崖临时人民政府解放公债发行办法》（简称《琼崖公债发行办法》）两部地方性法律制度，① 从法律文件的名称来看，主要规定了地方政府借债的内容。②

这一时期由于新中国刚刚成立且仍有地方尚处于战争状态，而政治、经济、文化等各项事业都亟待开展，所以地方市政债仅仅以地方立法的形式出现且仅就借债的相关事宜进行了简单规定，旨在迅速满足经济恢复和战争的资金需要。所以，这一阶段可以说是建国后我国地方市政债法律制度的初创阶段。但就是在这样一种复杂的背景下仍然突显出我国对规范地方政府债务行为以及对地方市政债立法的重视。此外，这一时期的地方市政债是在得到了中央人民政府政务院批准的情况下发行的，中央政府起到了对地方政府借债的层级行政监管作用。

二、1958—1961 年法制形成阶段地方市政债法律制度内容

1958 年 4 月 12 日，为了顺应"大跃进"时期的经济建设需要，中共中央作出了《关于发行地方公债的决定》（以下简称《地方公债决定》），该决定指出，从 1959 年起停止发行全国性公债；允许各省、自治区、直辖市在确有必要的时候发行地方建设公债，作为筹集建设资金的一种辅助手段；各省、自治区、直辖市发行地方公债应注意控制公债发行数量、维持利息低和票面金额不能过高等原则要求。③ 1958 年 6 月 5 日，全国人民代表大会常务委员会第九十七次会议通过了《中华人民共和国地方经济建设公债条例》

---

① 参见万立明. 中国共产党公债政策的历史考察及经验研究［M］. 上海：上海人民出版社，2015：290.

② 由于文献来源的限制，未能有两部法律文献的原文或相关介绍内容。所以，此处仅从名称出发对该立法进行分析。

③ 参见万立明. 中国共产党公债政策的历史考察及经验研究［M］. 上海：上海人民出版社，2015：362 – 363.

（以下简称《地方经济建设公债条例》），这是我国建国后关于地方市政债的第一部具有国家层级法律效力的规范性法律文件，确立了建国后规范地方政府债务行为，即借、用、还行为的基本法律框架（见表 3-3）。

表 3-3　1958 年国家《地方经济建设公债条例》的主要内容

地方市政债务行为规范	主要内容
地方市政债举借行为规范	规定借债权主体、① 借债方式、② 借债对象、③ 借债成本④
地方市政债使用行为规范	规定债务收入使用权主体⑤
地方市政债偿还行为规范	规定偿债方式和偿债期限⑥

在该条例的基础上，江西、安徽、黑龙江、福建、辽宁、吉林六省在 1959 年至 1961 年期间发行了地方市政债。

其中据可查文献考证，江西、安徽两省根据《地方经济建设公债条例》以地方性法规的形式进行了地方市政债法制建设，分别为《江西省人民委员会关于发行 1960 年地方经济建设公债的指示》（以下简称《江西省 1960 年指示》）、⑦《1960 年江西省发行地方经济建设公债办法》（以下简称《江西省 1960 年办法》）、《安徽省 1960 年地方经济建设公债发行办法》（以下简称《安徽省 1960 年办法》）以及《安徽省 1961 年地方经济建设公债发行办法》（以下简称《安徽省 1961 年办法》）（见表 3-4）。

---

①　《地方经济建设公债条例》第 2 条第 1 款，第 3 条。该条例第 2 条第 1 款规定："省、自治区、直辖市认为确有必要的时候，可以发行地方经济建设公债，由各该省、自治区、直辖市人民委员会统一办理。"第 3 条规定："省、自治区、直辖市对于地方经济建设公债的发行数量，应当根据需要和可能加以控制，并且必须在自愿认购的原则下组织推销，不要使工人、农民和其他劳动人民因为认购过多而造成生活上的困难。"

②　参见《地方经济建设公债条例》第 3 条（同上）。

③　参见《地方经济建设公债条例》第 3 条（同上）。

④　《地方经济建设公债条例》第 4 条。该条规定："地方经济建设公债的票面金额不宜过高。公债的利息，年利率一般不宜超过百分之二。在必要的时候，也可以发行无息公债。"

⑤　《地方经济建设公债条例》第 2 条第 2 款。此款规定："省、自治区所属专员公署和自治州、县、自治县、市人民委员会推销的公债收入，大部分应当留归各该专区和自治州、县、自治县、市支配，一部分由省、自治区调剂使用。"

⑥　《地方经济建设公债条例》第 5 条。该条规定："地方经济建设公债可以分期偿还，偿还期限，一般不宜超过五年。利息于还本时一次付清。"

⑦　计划经济体制下，行政性指令是法律的一种重要表现形式。所以，《江西省 1960 年指示》也应属于地方立法范畴。

表 3 - 4 1958—1961 年地方市政债地方立法的主要内容

地方市政债务行为规范	主要内容
地方市政债举借行为规范	规定借债总额、① 借债方式、② 借债对象、③ 借债成本④
地方市政债偿还行为规范	规定偿债方式和偿债期限⑤

这一时期形成的地方市政债法律制度是新中国成立后第一次确立了中央和地方有关地方市政债的法律框架规范，与建国初期的两部地方性立法相比，这一时期的法律制度更为系统和详细且体现出了分权化的制度特征，这与我国当时分权化的财政体制改革密切相关。1957 年 11 月，国务院根据毛泽东在《论十大关系》中对于"扩大一点地方权力"的指示精神出台了《关于改进财政管理体制的规定》，其中进一步扩大地方财政管理权限就是该《决定》的总体精神之一。⑥ 在这种背景下地方市政债法律制度具有以下特征：

首先，就地方市政债举借行为而言，国家立法只赋予了省级（省、自治区、直辖市）地方政府借债权，负责对地方市政债进行统一发行。《地方经济建设公债条例》对省级政府借债赋予了一定程度的自治权，即可以自

---

① 《江西省 1960 年指示》指出："根据中华人民共和国地方经济建设公债条例和我省国民收入的增长情况，决定 1960 年在全省发行经济建设公债总额 2000 万元。"《江西省 1960 年办法》第三条规定："本公债发行总额为人民币二千万元。"《安徽 1960 年办法》第 3 条规定："本公债发行总额为二千三百三十万元。"《安徽省 1961 年办法》第 3 条规定："本公债发行总额为三千万元。"

② 《江西省 1960 年指示》在其第二项要求中指出："在公债推销工作中，必须贯彻执行'合理分配，自愿认购'的原则。"

③ 《江西省 1960 年指示》、《江西省 1960 年办法》、《安徽省 1960 年办法》和《安徽省 1961 年办法》均规定面向不特定社会公众进行借债。

④ 《江西省 1960 年办法》第 4 条规定："公债利息定为年息四厘，不计算复利。"《安徽省 1960 年办法》第 4 条规定："利息定为年利率 1%。"《安徽省 1961 年办法》第 4 条规定："利息定为年利率 1%。"

⑤ 《江西省 1960 年办法》第 4 条规定："公债本金以抽签中号方式分三次偿还，1963 年 10 月 30 日偿还 20%，1964 年 10 月 30 日偿还 20%，1964 年 10 月 30 日偿还 30%，其余在 1965 年 10 月 30 日全部付清。公债利息随同本金一并支付。"《安徽省 1960 年办法》第 5 条规定："本公债的本金分五次还清。自一九六一年起每年十月三十一日抽签还本一次。第一次偿还总额为 10%，第二次 15%，第三次 20%，第四次 25%，第五次 30%。"《安徽省 1961 年办法》第 5 条规定："本公债的本金分五次还清。自一九六二年起每年十月三十一日以前抽签还本一次。第一次偿还总额为 10%，第二次 15%，第三次 20%，第四次 25%，第五次 30%。"

⑥ 参见万立明. 中国共产党公债政策的历史考察及经验研究 [M]. 上海：上海人民出版社，2015：4 - 5.

行决定借债总额，对借债成本和借债期限也只作出了上限的规定，省级地方政府可以根据该《条例》结合本地实际情况做出调整。这一时期省级地方政府借债权的扩大与当时我国财政管理体制的分权化改革密切相关。

其次，就地方市政债使用行为而言，按照"谁推销、谁使用"的原则明确了专员公署、自治州、市、县、自治县的债务资金使用权，并且赋予了省级政府债务资金的调剂使用权。

再次，就地方市政债偿还行为而言，国家立法确定了分期偿还的偿债方式并规定了偿债期限的上限为不超过五年。所以，省级政府可以在这个范围内做出调整。

最后，就地方市政债务行为监管而言，主要通过对借债成本和借债期限的制度化控制（非行政性的层级控制）来实现对地方政府借债行为的监管。

三、1962—1997 年法制停滞阶段地方市政债法律制度内容

从 1960 年起我国发行地方市政债的地区逐渐减少，由最初 1959 年的 5 个省，减少至 1960 年的 4 个省，到 1961 年仅剩安徽 1 省发行地方市政债。截至 1968 年，我国还清了所有内债和外债，完全进入到"既无内债，又无外债"的时期，直至 1981 年国债的重新发行。这一时期国家（中央和地方）不借债的主要原因有以下几点：一是认为借债是有损社会主义国家形象的表现，而既无内债也无外债才能够突出社会主义的优越性；二是受到苏联决定从 1958 年开始停止借债的影响，苏联认为如果再扩大公债发行规模就会加重人民的负担；三是在高度集中的计划经济体制逐步形成的条件下，财政统收统支的管理体制也无需且不可能再用借债手段从企业筹集到资金。[①] 由于从中央到地方都停止借债，所以有关地方市政债法律制度的发展也进入停滞阶段。

改革开放后的很长一段时间，国家通过法律和规范性文件的形式都严格限制地方政府借债，主要表现为 1985 年 9 月 9 日国务院办公厅发布的《国务院办公厅关于暂不发行地方政府债券的通知》（以下简称《国办〔1985〕

---

① 参见万立明. 中国共产党公债政策的历史考察及经验研究［M］. 上海：上海人民出版社，2015：375－376.

63 号文件》）以及 1994 年《预算法》第 28 条的规定。① 从《国办〔1985〕63 号文件》规定的内容中可以看出，国家规定地方政府暂不借债主要出于对当时经济环境下固定资产投资风险的控制和经济的健康发展提出的。1994 年《预算法》在量入为出理财观的指导下也严格限制地方政府借债。但是，无论是《国办〔1985〕63 号文件》还是 1994 年《预算法》都并未绝对禁止地方政府借债，也即如果经济环境允许，法律和国务院相关规定允许，地方政府仍然可以借债。这就为地方市政债的恢复预留了经济空间和法律空间。

四、1998—2014 年法制发展阶段地方市政债法律制度内容

（一）1998—2003 年国债转贷时期地方市政债法律制度内容

1998 年国民经济出现了通货紧缩的局面，在居民消费不足、净出口下滑的宏观经济形势下，国家采取了积极的财政政策，通过扩大固定资产投资的方式刺激经济增长。② 在这种经济环境下，财政部发行了国债并将一部分国债资金转贷给地方使用。有学者认为这是法律禁止地方政府借债筹资的一种替代。③ 但是，如上分析，我国法律只是严格限制了地方政府借债而从未绝对禁止过，并且国债转贷并非与地方政府借债毫无关联，它既是国家在特定历史条件下必然的过渡性选择，也是下述地方市政债发展的必要准备。其一，我国在计划经济时期就经历了长期的地方市政债实践及其立法的停滞阶

---

① 《国办〔1985〕63 号文件》规定："近来，有些地方政府提出发行地方政府债券，以筹集资金，解决基本建设资金不足的问题。国务院认为，目前，发行地方政府债券将会扩大固定资产投资总规模，继续加大已经膨胀的了固定资产投资。当前经济形式中存在的主要问题是国民经济增长速度过快，固定资产投资增加过猛，如不加以控制，就会超过国家财力和物力的承受能力，导致大量增发货币冲击市场，造成物价上涨，直接影响国民经济的健康发展和经济体制改革的顺利进行。国务院要求各地方政府不要发行地方政府债券，望严格执行。"

② 1998 年 7 月，朱镕基总理在视察山西、内蒙古时提出，治理通货紧缩是当前的中心任务，应实施更加积极的财政政策，筹集更多的资金，继续加大基础设施建设力度以扩大内需、拉动经济增长。这是决策层第一次表明我国的宏观经济已步入了紧缩时代。参见王和山，韩文. 国债转贷地方意义何在［J］. 中国财政，1998（11）：39. 国民消费、净出口和固定资产投资是拉动 GDP 增长的"三驾马车"。

③ 参见候合心. 地方国债转贷资金管理的理论与实践探讨［J］. 地方财政研究，2008（1）：31.

段，而从改革开放到进入市场经济时期后，地方市政债又处于长期被严格限制的状态。所以，就这一时期而言我国对于地方政府借债并没有丰富的实践经验。在既有历史制度路径的依赖下用国债转贷方式为地方政府经济建设提供债务资金不失为当时国家政策的审慎决定。其二，从1981年恢复国债发行以来我国对此积累了多年的经验，并且以中央政府信用举借国债可以提高地方政府债务资金的取得效率，节省借债成本。其三，在关于地方市政债的市场机制尚未建立的情况下，国债转贷就体现了层级机制的替代作用。这些都为以后省级地方政府借债权的确立提供了过渡性的经验和制度基础。

1998年2月23日财政部以部门规章的形式出台了《国债转贷地方政府管理办法》（以下简称《财预〔1998〕267号办法》），确定了这一时期地方市政债的国家立法基本框架。此后，又有广西壮族自治区和内蒙古自治区人民政府以地方政府规章的法律文件形式制定了本地区管理办法，分别为《广西壮族自治区国债转贷管理实施办法》（以下简称《桂政〔1998〕56号办法》）和《内蒙古自治区国债项目管理办法》（以下简称《内政〔2003〕29号办法》）（见表3－5和表3－6）。①

表3－5　地方市政债国债转贷时期财政部《财预〔1998〕267号办法》的主要内容

地方市政债务行为规范	主要内容
地方市政债举借行为规范	规定借债期限和借债成本②

---

① 由于《财预〔1998〕267号文件》在"附则"第十九条授权省级财政部门可以协商省级计划部门结合本地区情况制定具体管理办法，所以这一时期地方市政债地方立法多数表现为由省财政厅或省财政厅联合省计委或省政府办公厅制定的规范性文件，并不属于法律文件的规范范畴，从法律的规范分析出发，这些规范性文件不作为此处的分析样本。此外，需要说明的是《内政〔2003〕29号办法》将国债和国债转贷地方进行了合并规定。该文件第2条规定："本办法所称国债项目是指使用中央财政预算内国债资金和地方国债转贷资金建设的工程项目。"所以，该文件虽然名称中为"国债项目"，但是也包括地方市政债相关内容。

② 《财预〔1998〕267号办法》第9条规定："转贷给沿海发达地区（含广东、福建、浙江、上海、江苏、山东、天津、北京、辽宁、深圳、厦门、宁波、青岛、大连）的还贷期限为6年（农村电网还贷期限为15年），含宽限期2年（农村电网宽限期为10年），年利率为5.5%；转贷给中西部地区的还贷期限为10年（农村电网还贷款期限为15年），含宽限期2年（农村电网宽限期为10年），年利率为5%。转贷资金从财政部拨款之日起开始计息。省级财政部门必须在规定期限内向财政部还本付息。"

（续表）

地方市政债务行为规范	主要内容
地方市政债使用行为规范	规定基本使用范围①
	规定使用项目的选择程序：项目选择—拟订方案—方案审核—方案审定②
地方市政债偿还行为规范	规定偿债宽限期限、偿债方式、偿债资金来源、偿债违约责任③
地方市政债务行为监管规范	中央层面：规定财政部驻省级财政监察专员办事处对债务资金拨付、使用和偿还进行监管④
	地方层面：规定地方财政部门对本级资金使用和偿还进行监管⑤

---

① 《财预〔1998〕267号》第4条规定了债务资金的基本使用范围，包括农林水利投资、交通建设投资、城市基础设施和环境保护建设投资城乡电网建设与改造以及其他国家明确的建设项目。

② 《财预〔1998〕267号办法》第5条规定："各地省级计划与财政部门，应当根据上述确定项目的原则、转贷资金的用途和本地区经济和社会发展规划、财力可能，提出本地区利用转贷资金的建设规模、项目（由计划部门牵头选择），经省级人民政府审核后，报国家发展计划委员会、财政部，或由省级人民政府报国家发展计划委员会，抄报财政部。"第6条规定："国家发展计划委员会、财政部将各省报送的利用转贷资金的建设项目及其所需资金，报加快基础设施建设领导小组。加快基础设施建设领导小组对各省报送的利用转贷资金的建设项目、所需资金，按基本建设程序进行审核，参考各地可用于建设的综合财力，初步确定各地利用转贷资金的建设项目及其所需资金，报国务院审定。"

③ 参见《财预〔1998〕267号办法》第9条（同上）。该办法第14条第1款规定："省级人民政府归还转贷资金本金和利息的资金来源是全省综合财力，包括：（一）项目实施单位用收益归还的转贷资金本金和利息；（二）预算内安排的基本建设等资金；（三）纳入预算管理的政府性基金；（四）预算外资金用于建设的部分；（五）其他资金。"第2款规定："省级财政部门应在人民政府领导下，会同有关部门和单位，就本地区的转贷资金，提前做好还本付息的资金需求预测和准备，以保证到期按时足额归还转贷资金本金和利息。"第18条规定："对到期不能归还转贷资金本金和利息的，财政部将如数扣减对地方税收返还。"

④ 《财预〔1998〕267号办法》第16条第1款规定："财政部驻省级财政监察专员办事处对地方财政部门、项目实施单位及其主管部门转拨、使用、归还转贷资金的情况进行监督、检查，并将监督、检查的重点放在地方财政部门是否按协议将转贷资金及时足额拨付到项目实施单位、有无截留挪用转贷资金、是否及时足额偿还本息方面。"第2款规定："年度终了后50天内，财政部驻省级财政监察专员办事处应当向财政部报送对转贷资金拨付、使用、归还实施监督、检查的情况。"

⑤ 《财预〔1998〕267号办法》第15条规定："地方财政部门对项目实施单位及其主管部门使用转贷资金的情况进行监督、检查，监督、检查项目实施单位及其主管部门是否按协议使用转贷资金并注意提高资金的使用效益以及是否按期归还本息。"

表 3 – 6　地方市政债国债转贷时期地方规章的主要内容

地方市政债务行为规范	主要内容
地方市政债举借行为规范	规定借债期限和借债成本①
地方市政债使用行为规范	规定地方各级政府资金使用中的支出责任② 规定使用项目的选择程序：项目准备—项目申报—项目审批—项目实施—项目建设和试运营③

---

①　《桂政〔1998〕56 号办法》第 9 条规定："转贷资金的还贷期限为 10 年（农村电网还贷期限为 15 年），含宽限期 2 年（农村电网宽限期限为 10 年），年利率为 5%。转贷资金从自治区财政厅拨款之日起开始计息。使用转贷资金的地市财政部门和区直主管部门在规定期限内向自治区财政厅还本付息。"

②　《桂政〔1998〕56 号办法》第 5 条规定："根据自治区发展计划委员会、自治区财政厅审定、批准下达的转贷项目，属于地市归属明确的项目，由地市负责组织施工、管理，并负责转贷资金的统借、统还；地市归属不明确，属于跨地市的交通、农林水利等基础设施建设项目，由区直归口管理部门负责组织施工、管理，并负责转贷资金的统借、统还。"

③　《内政〔2003〕29 号办法》第 4 条第 1 款规定："国债项目必须严格履行基本建设程序（包括项目建议书、可行性研究报告、初步设计、开工报告和竣工验收等工作环节）各地区、各部门和项目实施单位不得简化项目建设程序。"第 5 条规定："申报项目可行性研究报告时，需同时提出项目法人组建方案和建设项目勘察、设计、施工、监理以及重要设备、材料采购等方面的招标方案。招标方案应当对拟招标范围（全部招标或部分招标）、招标方式（公开招标或邀请招标）以及招标组织形式（委托招标或自行招标）作出说明；经营性项目还须落实项目资本金，并就资本金筹措情况（包括出资方、出资方式、资本金来源及数额、资本金认缴进度等内容）作出说明，并附出资方承诺文件；以实物、工业产权、非专利技术、土地使用权作价出资的，还须附具备相应资质等级的资产评估机构出具的资产评估证明资料。"第 6 条规定："项目建议书、可行性研究报告、初步设计文件必须按照国家规定内容，达到规定工作深度，并对项目在技术上是否可行、经济上是否合理进行科学分析和论证。前期工作达不到规定要求和工作深度、未经具备相应资质等级的咨询机构评估论证的项目，不得审批。各级项目审批部门在批准项目可行性研究报告时，应依据法律法规设定权限，对项目建设单位拟定招标范围、招标方式、招标组织形式等内容提出核准或不予核准的意见。"第 7 条规定："项目一经批准，必须严格按照批复内容及相关要求进行建设，不得擅自改变项目建设内容、扩大或缩小建设规模、拖延建设工期和超概算，确需变更的，须经原审批单位核准。项目建设单位在招标活动中改变项目审批部门核准的招标范围、方式、组织形式等，事先须向原审批部门重新办理核准手续。"第 13 条规定："项目建成并经试运营后，应按照批准设计文件和其他有关资料，由建设项目法人及时编制竣工决算，并组织设计、施工、监理等单位进行初步验收。各级财政部门应强化对项目竣工财务决算的审查复批，督促建设单位及时办理竣工财务决算。竣工决算未经审计部门审计，不得作为竣工验收和移交依据。初步验收合格的，由自治区计划部门或其委托机构组织有关单位进行竣工验收，验收人员签字负责。项目验收合格后，方可交付使用。"

（续表）

地方市政债务行为规范	主要内容	
地方市政债偿还行为规范	规定偿债责任主体、① 偿债方式、② 偿债资金来源、③ 偿债违约责任④	
地方市政债务行为监管规范	层级监管机制	规定自治区财政厅负责对债务行为进行监管⑤
		规定各级计划、财政、审计、监察及行业主管部门对债务行为进行监管⑥

① 《桂政〔1998〕56 号办法》第 2 条规定："为便于管理，根据建设项目的特点，转贷资金项目分为地市统管项目和区直主管部门管理项目。（项目分级管理）地区行署、市人民政府要平衡本地的综合财力，决定和落实还款资金的来源，并向自治区人民政府出具还款资金来源的承诺函，（决定落实偿债来源、偿债来源保证）在本辖区内统借、统筹、统还。地方财政部门作为本级政府的债权、债务人的代表，负责对自治区财政厅的还本付息工作。区直主管部门作为转贷资金的项目法人和业主，也要平衡本部门统管的综合财力，决定和落实还款资金的来源，并向自治区财政厅出具还款资金来源的承诺函，负责本部门的统借、统筹、统还。确保按时向自治区财政厅还本付息。"

② 《桂政〔1998〕56 号办法》第 13 条第 3 款规定："地方级财政部门应在地区行署、市人民政府的领导下，会同有关部门和单位，就本地区的转贷资金，提前做好还本付息的资金需求预测和准备，以保证到期按时足额归还转贷资金本金和利息。区直主管部门也必须恪守信用原则，转贷资金不是财政无偿拨款，必须就本部门的转贷资金提前做好还本付息的资金需求计划和准备，以确保到期按时足额归还。"

③ 《桂政〔1998〕56 号办法》第 13 条第 1 款规定："地区行署和市级人民政府归还转贷资金本金和利息的资金来源是本地区的综合财力，包括：（一）项目实施单位用收益归还的转贷资金本金和利息；（二）预算内安排的基本建设等资金；（三）纳入预算管理的政府性基金；（四）预算外资金用于建设的部分；（五）其他资金。"第 2 款规定："区直主管部门归还转贷资本金和利息和资金来源是本部门所掌管的综合财力，包括：（一）项目实施单位用收益归还的转贷资金本金和利息；（二）纳入预算管理列收列支的政府性基金；（三）预算外资金；（四）其他资金。"

④ 《桂政〔1998〕56 号办法》第 16 条规定："对到期不能归还转贷资金本金和利息的地市，自治区财政厅将如数扣减对地市的税收返还或通过资金往来扣减；对到期不能归还转贷资金本金和利息的区直主管部门，自治区财政厅将从财政专户储存的预算外资金中如数扣回，不足部分再如数扣减自治区本级预算内安排给该部门的各项经费（包括基本建设投资等）。"

⑤ 《桂政〔1998〕56 号办法》第 14 条规定："自治区财政厅对区直主管部门和地市财政部门使用转贷资金的情况进行监督、检查。监督、检查的内容主要包括是否按协议将转贷资金及时足额拨付到项目实施单位；有无截留挪用转贷资金；是否及时足额偿还本息等。地市财政部门和区直主管部门也要对本地、本部门所属的项目实施单位使用转贷资金的情况进行监督、检查。"

⑥ 《内政〔2003〕29 号办法》第 18 条规定："各级计划、财政、审计、监察以及行业行政主管部门应按照职责分工，加强对国债项目的监督检查，及时掌握建设资金到位、使用和工程建设进展情况。检查中发现的问题，应责令整改，并对整改落实情况进行跟踪复查；整改后仍达不到要求的，计划部门停止下达投资计划，财政部门停止拨付建设资金，直至停止项目建设；资金已拨付完毕的项目或项目已经建成的，计划部门可相应扣减项目所在地区下一年度基本建设投资，直至停止其他项目审批。"

国债转贷时期地方市政债法律制度具有以下特征：

首先，在制度背景上依然体现了国家宏观调控政策对地方市政债立法的决定作用；其次，在立法路径方面继续了建国初期开始的政府主导的自上而下强制性立法变迁过程。

其次，在制度效力上，无论是国家层面立法还是地方立法与1958年地方市政债立法相比层级效力较低，仅体现为部门规章的形式，并且地方立法中仅有两个省级政府以规范性法律文件的形式对国债转贷地方进行了规定。

再次，在制度创制目的上，虽然在宏观上也体现出政府投资项目的融资性特征，但是在微观内容中更力求提高资金使用效率而侧重于债务资金使用行为的规制，这也是地方市政债法制进步的体现。

第四，在制度内容上，其一，这一时期立法并没有赋予地方政府借债权，所以地方政府只是用债和偿债主体，这就出现了借债与用债、偿债主体本质上的权责错位问题。与1958年《地方经济建设公债条例》赋予省级政府借债权相比，这一规定体现出了明显的中央财政集权特征。这种中央包办的借债机制虽然具有存在的合理性，但是也容易引发地方对中央财政的依赖从而增加中央财政负担甚至引发中央财政风险。其二，与计划经济时期地方市政债立法仅注重借债行为规范不同的是，这一时期立法对地方市政债的借、用、还行为都作出了更为细致的规定，尤其注重债务资金使用行为的规范，并且在偿债行为规范中，与计划经济时期仅规定偿债方式的单一做法相比，这一时期的立法还增加了偿债宽限期、偿债资金来源以及偿债违约责任的规定。最后，在债务行为的监管制度中表现出从中央到地方自上而下的行政监管特征，较之于计划经济时期中央政府单一的行政监管模式，这种监管模式更具系统化。

（二）2008—2009年中央代发代还时期地方市政债法律制度内容

2008年由美国次贷危机引发的国际金融危机使我国的经济面临严峻挑战，2009年成为我国经济发展困难的一年。财政收支矛盾突出，财政收入较大幅度下降的同时"三农"、民生等财政支出压力增大。为了扩大内需、保持经济平稳较快的增长，我国实行了积极的财政政策，其中扩大政府公共投资成为实施该政策的重要手段。中央政府通过大规模发行国债增加政府公共投资，并要求地方政府安排中央投资项目地方配套资金，可以根据具体情况扩大本地投资，而通过发行地方市政债券的形式筹集配套资金就成为这一时期确定的比较规范的途径。① 2009 年 10 月 12 日，财政部出台了《关于加快落实中央扩大内需投资项目地方配套资金等有关问题的通知》（以下简称《财建〔2009〕631 号文件》），在第 2 条中规定了发行地方市政债券（"地方政府债券"）是地方筹集配套资金的渠道之一。② 这是我国自 1994 年《预算法》严格限制地方政府借债以来，第一次在中央规范性文件中明确了地方政府可以通过地方市政债券的形式筹集资金。从 2009 年到 2011 年，我国一直采用中央代发代还地方市政债的形式，主要表现为财政部针对 2009 年地方市政债制定的三部临时性部门规章，这一时期并无地方立法的相关内容。这些临时性部门规章主要包括 2009 年 2 月 20 日出台的《财政部代理发行 2009 年地方政府债券发行兑付办法》（以下简称《财库〔2009〕15 号办法》）、2009 年 2 月 28 日出台的《2009 年地方政府债券预算管理办法》（以下简称《财预〔2009〕21 号办法》）、2009 年 3 月 18 日出台的《2009 年地方政府债券资金项目安排管理办法》（以下简称《财建〔2009〕121 号办法》）（见表 3 - 7）。

表 3 - 7　地方市政债中央代发代还时期财政部三部部门规章的主要内容

地方市政债务行为规范	地方市政债务行为规范主要内容
地方市政债举借行为规范	规定借债权实际主体和行使主体、③ 借债方式、④ 借债期限⑤

---

　① 参见中华人民共和国财政部预算司. 财政部代理发行 2009 年地方政府债券问题解答〔M〕. 北京：中国财政经济出版社，2009：125.

　② 《财建〔2009〕631 号文件》第 2 条规定："地方各级财政部门要统筹安排财力，切实保证中央扩大内需投资项目地方政府配套资金及时落实到位，推动实现扩大内需促进经济增长战略目标。地方政府配套资金可通过以下渠道筹集：一是地方各级政府一般预算资金；二是地方各级政府土地出让收益等各类政府性基金；三是中央财政代理发行的 2009 年 2000 亿元的地方政府债券资金；四是利用政府融资平台通过市场机制筹措的资金；五是地方政府其他可用财力。"

　③ 《财预〔2009〕21 号办法》第 2 条规定："本办法所称地方政府债券，是指经国务院批准同意，以省、自治区、直辖市和计划单列市政府为发行和偿还主体，由财政部代理发行并代办还本付息和支付发行费的 2009 年地方政府债券。"

　④ 《财库〔2009〕15 号办法》第 4 条规定："地方政府债券统一由财政部按照现行记账式国债发行方式代理发行，并代为办理还本付息和支付发行费。"

　⑤ 《财库〔2009〕15 号办法》第 2 条规定："本办法所称地方政府债券，是指以省、自治区、直辖市和计划单列市人民政府（简称地方政府）为债务人，承担按期支付利息和归还本金责任的可流通记账式债券。地方政府债券期限为三年，利息按年支付，发行后可按规定在全国银行间债券市场和证券交易所市场（简称交易场所）上市流通。地方政府债券冠以发债地方政府名称，具体为'2009 年×省（自治区、市）政府债券（×期）'。"

（续表）

地方市政债务行为规范	主要内容
地方市政债使用行为规范	规定使用主体、① 使用方向和具体使用项目②
地方市政债偿还行为规范	规定偿债责任实际主体和行使主体、③ 偿债违约责任④
地方市政债务行为监管规范	层级监管机制：规定国务院履行年度借债限额监管职责⑤
	民主监督机制：规定各级人民代表大会对本级债务收支预算进行审批监督⑥

---

① 《财预〔2009〕21 号办法》第 3 条规定："地方政府债券收入可以用于省级（包括计划单列市，下同）直接支出，也可以转贷市、县级政府使用。"

② 《财预〔2009〕21 号办法》第 5 条第 2 款规定："地方政府债券支出根据各级财政使用债券收入或者债券转贷收入安排的支出编制。地方政府债券预算支出，要充分体现科学发展观的要求，积极促进经济结构调整和发展方式转变。资金主要用于中央投资地方配套的公益性建设项目及其他难以吸引社会投资的公益性建设项目支出，严格控制安排用于能够通过市场化行为筹资的投资项目，不得安排用于经常性支出。资金使用范围主要包括：保障性安居工程，农村民生工程和农村基础设施，医疗卫生、教育文化等社会事业基础设施，生态建设工程，地震灾后恢复重建以及其他涉及民生的项目建设与配套。"《财建〔2009〕121 号办法》第 5 条规定："地方政府债券资金主要安排用于中央投资地方配套的公益性建设项目以及其他难以吸引社会投资的公益性建设项目。具体用于以下方面：（一）保障性安居工程。包括：廉租住房建设；国有林区、垦区、煤矿棚户区改造工程；少数民族地区游牧民定居工程；农村危房改造扩大试点工程。（二）农村民生工程和农村基础设施。包括：农村沼气工程；农村饮水安全工程；农村公路建设改造工程；农村电网完善工程；农村邮政工程；病险水库除险加固工程；灌区节水改造工程；优质粮食工程；动植物防疫体系；农产品质量安全检验检疫体系；粮油储存设施和粮食烘干设备；扶贫和以工代赈。（三）医疗卫生、教育文化等社会事业基础设施。包括：基层医疗卫生服务体系、计划生育服务体系和重点中医院建设；中西部农村初中校舍改造；中等职业教育和特殊教育发展；乡镇综合文化站建设。（四）生态建设工程。包括：污水、垃圾处理设施，污水管网和重点流域水污染防治工程建设；重点防护林工程；天然林资源保护工程；重点流域工业污染治理工程。（五）地震灾后恢复重建。（六）其他涉及民生的项目。"第 6 条规定："地方政府债券资金严格控制用于能够通过市场化行为筹资的投资项目，严禁用于以下支出：（一）经常性支出；（二）党政机关办公楼等楼堂馆所项目。"

③ 《财预〔2009〕21 号办法》第 10 条规定："地方政府债券到期后，由中央财政统一代办偿还。地方财政要足额安排地方政府债券还本付息所需资金，及时向中央财政上缴地方政府债券本息、发行费等资金。如果届时还本确实存在困难，经批准，到期后可按一定比例发行 1～5 年期新债券，分年全部归还。对于未按时上缴的，中央财政根据逾期情况计算罚息，并在办理中央与地方财政结算时如数扣缴。"《财库〔2009〕15 号办法》第 4 条规定（同上）。

④ 参见《财预〔2009〕21 号办法》第 10 条（同上）。《财库〔2009〕15 号办法》第 25 条规定："地方政府应当严格履行发债和偿债主体的相关职责。地方财政部门违反本办法第十三条、第十九条规定，未按时向中央财政专户缴付发行费、还本付息资金的，按逾期支付额和逾期天数，以当期债券票面利率的两倍折成日息向财政部支付罚息。罚息计算公式为：罚息 = 逾期支付额 × （票面利率 × 2 ÷ 全年天数）× 逾期天数。中央财政垫付资金和罚息在办理中央与地方财政结算时如数扣缴。"

⑤ 《财库〔2009〕15 号办法》第 3 条规定："地方政府债券发行实行年度发行额管理，全年债券发行总额不得超过国务院批准的债券规模。"

⑥ 《财预〔2009〕21 号办法》第 6 条规定："2009 年度政府预算未报经本级人民代表大会审查批准的，要将本地区地方政府债券收入或者债券转贷收入和支出纳入预算，报请同级人民代表大会审查批准。2009 年度政府预算已经报本级人民代表大会审查批准的，要根据地方政府债券收支计划及时编制预算调整方案，报同级人民代表大会常务委员会审查批准。"

中央代发代还时期地方市政债法律制度主要有以下特点：

首先，在制度背景上继续延续了特定国际经济环境下国家宏观调控政策对地方市政债立法的决定作用。2009 年中央代发代还时期的地方市政债是中央进行宏观调控实施积极财政政策的重要手段，配合了中央宏观调控职能的发挥，在债务资金的使用上也主要满足于"中央投资地方配套的公益性建设项目"①。

其次，在制度路径上表现为中央单一层次下的立法过程，这一时期并没有出现地方立法，存在地方立法的缺失。

再次，在制度效力上，一方面在立法层级效力上，只体现为国家层面的部门规章，立法层级效力较低；另一方面，在立法的时间效力上缺乏稳定性。虽然这一时期的地方市政债立法从 2009 年持续到 2011 年，但是国家层面立法仅表现为 2009 年的临时性立法，实际上仅具有 2009 年临时性立法效力。

第四，在制度目的上，与 1998 年国债转贷时期地方立法相同的是仍然表现出宏观性融资和微观性使用相结合的制度设计，为提高地方政府用债效率提供了法制规范和保障。

第五，在制度内容上：其一，确立了省级（副省级）地方政府实际的借债权主体资格。但是这种借债权是受到一定限制的，即并不是完整意义的借债权。因为省级（副省级）政府并没有真正的行使权，而必须由中央政府代为行使。这与前述域外典型国家地方政府所具有的自行借债权存在差距。由于我国当时针对地方市政债券的信用评级、发行渠道等尚未建立，而地方市政债券管理制度框架仍有待完成，所以通过中央政府代为借债就显得十分必要。而这种形式对于降低地方政府借债成本、提高借债效率、保护投资者利益等也有积极作用。② 此次立法通过赋予省级（副省级）政府一定的借债权，在一定程度上实现了其借债、用债和偿债行为的统一，较之于国债转贷时期地方政府并无借债权相比又进了一步。对于市、县级政府而言，

---

① 参见《财预〔2009〕21 号办法》第 5 条第 2 款（同上）。

② 参见中华人民共和国财政部预算司. 财政部代理发行 2009 年地方政府债券问题解答［M］. 中国财政经济出版社，2009：131.

《财预〔2009〕21 号办法》第 3 条规定："市、县级政府使用债券收入的，由省级政府转贷，纳入市、县级财政预算。"可见，市、县级政府在这一时期并没有借债权，而是仍然延续了国债转贷时期中央政府对省级政府的转贷方式，这也可以看作为国债转贷方式在这一时期所承继的制度路径依赖。其二，在地方市政债使用行为上，立法通过列举的方式对使用方向和范围作出了较为具体的规定。"公益性建设项目"是地方市政债的主要使用方向。《财建〔2009〕121 号办法》第 5 条又列举了六大项目以及分属于各大项目的 23 个子项目。其三，在地方市政债偿还行为的规范中，与借债权相对应的是，地方政府为实际的偿债义务主体，但是也并不具体实施偿债行为。此外，与以往偿债违约责任处罚规则不同的是，《财预〔2009〕15 号办法》第 25 条用定量的方法、以公式的形式规定了偿债违约责任的处罚规则，确定了罚息的计算方法。最后，在债务行为的监管上实现了两个第一次规定，即第一次规定了年度借债限额控制并采取了由中央政府监管的模式；第一次将地方政府债务收支行为纳入地方预算并由地方人大实施审批监督，体现了民主监督机制在债务行为监管制度中的重要作用。

（三）2011—2014 年试点自发自还时期地方市政债法律制度内容

2011 年作为中央代发代还地方市政债时期的延续，国家启动了地方市政债自发自还试点工作，地方市政债主要经历了两个阶段的法制发展过程，即地方市政债试点自发代还阶段（2011—2013 年）和地方市政债试点自发自还阶段（2014 年）。这一时期财政部以四部临时性部门规章的形式分别于 2011 年 10 月 17 日、2012 年 5 月 8 日、2013 年 6 月 25 日、2014 年 5 月 19 日出台了《2011 年地方政府自行发债试点办法》（以下简称《财库〔2011〕141 号办法》）、《2012 年地方政府自行发债试点办法》（以下简称《财库〔2012〕47 号办法》）、《2013 年地方政府自行发债试点办法》（以下简称《财库〔2013〕77 号办法》）以及《2014 年地方政府自发自还试点办法》（以下简称《财库〔2014〕57 号办法》）（见表 3 - 8）。

表3-8 地方市政债试点自发自还时期财政部四部部门规章的主要内容

地方市政债务行为规范	主要内容
地方市政债举借行为规范	规定借债权主体、① 市场化借债机制、② 借债方式、③ 借债期限④
地方市政债使用行为规范	规定适用《财预〔2009〕21号办法》⑤

---

① 《财库〔2011〕141号办法》第2条规定："自行发债是指试点省（市）在国务院批准的发债规模限额内，自行组织发行本省（市）政府债券的发债机制。2011年试点省（市）政府债券由财政部代办还本付息。"《财库〔2012〕47号办法》第2条规定："自行发债是指试点省（市）在国务院批准的发债规模限额内，自行组织发行本省（市）政府债券的发债机制。2012年试点省（市）政府债券由财政部代办还本付息。"《财库〔2013〕77号办法》第2条规定："自行发债是指试点省（市）在国务院批准的发债规模限额内，自行组织发行本省（市）政府债券的发债机制。2013年试点省（市）政府债券由财政部代办还本付息。"《财库〔2014〕57号办法》第2条规定："自发自还是指试点地区在国务院批准的发债规模限额内，自行组织本地区政府债券发行、支付利息和偿还本金的机制。"

② 《财库〔2014〕57号办法》第5条规定："试点地区按照市场化原则发行政府债券，遵循公开、公平、公正的原则。"

③ 《财库〔2011〕141号办法》第5条规定："试点省（市）应当按照公开、公平、公正原则，组建本省（市）政府债券承销团。试点省（市）政府债券承销商应当是2009—2011年记账式国债承销团成员，原则上不得超过20家。"《财库〔2012〕47号办法》第5条规定："试点省（市）应当按照公开、公平、公正原则，组建本省（市）政府债券承销团。试点省（市）政府债券承销商应当是2012—2014年记账式国债承销团成员，原则上不得超过20家。"《财库〔2013〕77号办法》第5条规定的内容同《财库〔2012〕47号办法》第5条规定的内容。《财库〔2014〕57号办法》第10条规定："试点地区组建本地区政府债券承销团，承销团成员应当是在中国境内依法成立的金融机构，具有债券承销业务资格，资本充足率、偿付能力或者净资本状况等指标达到监管标准。"

④ 《财库〔2011〕141号办法》第4条规定："试点省（市）发行的政府债券为记账式固定利率附息债券。2011年政府债券期限分为3年和5年，期限结构为3年债券发行额和5年债券发行额，分别占国务院批准的发债规模的50%。"《财库〔2012〕47号办法》第4条规定："试点省（市）发行的政府债券为记账式固定利率附息债券。2012年政府债券期限为3年、5年和7年，试点省（市）最多可以发行三种期限债券，每种期限债券发行规模不得超过本地区发债规模限额的50%（含50%）。"《财库〔2013〕77号办法》第4条规定："试点省（市）发行的政府债券为记账式固定利率附息债券。2013年政府债券期限为3年、5年和7年，试点省（市）最多可以发行三种期限债券，每种期限债券发行规模不得超过本地区发债规模限额的50%（含50%）。"《财库〔2014〕57号办法》第4条规定："试点地区发行的政府债券为记账式固定利率附息债券。2014年政府债券期限为5年、7年和10年，结构比例为4:3:3。"

⑤ 《财库〔2011〕141号办法》第12条规定："试点省（市）自行发债收支实行预算管理，具体事项参照《财政部关于印发〈2009年地方政府债券预算管理办法〉的通知》（财预〔2009〕21号）有关规定办理。"《财库〔2012〕47号办法》第12条、《财库〔2013〕77号办法》第14条和《财库〔2014〕57号办法》第19条的具体内容同《财库〔2011〕141号办法》第12条的规定内容。

（续表）

地方市政债务行为规范	主要内容		
地方市政债偿还行为规范	规定自发代还阶段和自发自还阶段偿债责任主体①		
	规定应建立偿债保障机制②		
地方市政债务行为监管规范	市场监管机制	规定信用评级的原则性内容③	
		规定地方政府信息披露义务的原则性内容④	
	层级监管机制：规定国务院履行年度借债限额监管职责⑤		
	民主监督机制：规定各级人民代表大会对本级债务收支预算进行审批监督⑥		

①　参见《财库〔2011〕141 号办法》第 2 条，《财库〔2012〕47 号办法》第 2 条，《财库〔2013〕77 号办法》第 2 条，《财库〔2014〕57 号办法》第 2 条，此处四条规定的具体内容同上。

②　《财库〔2011〕141 号办法》第 14 条规定："试点省（市）应当建立偿债保障机制，在规定时间将财政部代办债券还本付息资金足额缴入中央财政专户，具体事项参照《财政部关于印发〈财政部代理发行 2011 年地方政府债券发行兑付办法〉的通知》（财库〔2011〕52 号）有关规定办理。"《财库〔2012〕47 号办法》第 14 条规定："试点省（市）应当建立偿债保障机制，在规定时间将财政部代办债券还本付息资金足额上缴中央财政，具体事项参照有关财政部代理发行 2012 年地方政府债券发行兑付的规定办理。"《财库〔2013〕77 号办法》第 16 条规定："试点省（市）应当建立偿债保障机制，在规定时间将财政部代办债券还本付息资金足额上缴中央财政，具体事项参照有关财政部代理发行 2013 年地方政府债券发行兑付的规定办理。"《财库〔2014〕57 号办法》第 21 条规定："试点地区承担债券还本付息责任。试点地区应当建立偿债保障机制，统筹安排综合财力，及时支付债券本息、发行费等资金，切实履行偿债责任，维护政府信誉。"

③　《财库〔2014〕57 号办法》第 6 条规定："试点地区按照有关规定开展债务信用评级，择优选择信用评级机构。试点地区与信用评级机构签署信用评级协议，明确双方权利和义务。"第 7 条规定："信用评级机构按照独立、客观、公正的原则开展信用评级工作，遵守信用评级规定与业务规范，及时发布信用评级报告。"

④　《财库〔2011〕141 号办法》第 15 条规定："试点省（市）应当通过中国债券信息网和本省（市）财政厅（局、委）网站等媒体，及时披露本省（市）经济运行和财政收支状况等指标。试点省（市）在发债定价结束后应当及时公布债券发行结果。"《财库〔2012〕47 号办法》第 15 条、《财库〔2013〕77 号办法》第 17 条的具体内容同《财库〔2011〕141 号办法》第 15 条规定的内容。《财库〔2014〕57 号办法》第 8 条规定："试点地区应及时披露债券基本信息、财政经济运行及债务情况等。"第 9 条规定："试点地区信息披露遵循诚实信用原则，不得有虚假记载、误导性陈述或重大遗漏。"

⑤　参见《财库〔2011〕141 号办法》第 2 条，第 3 条；《财库〔2012〕47 号办法》第 2 条，第 3 条；《财库〔2013〕77 号办法》第 2 条，第 3 条；《财库〔2014〕57 号办法》第 2 条，第 3 条。其中以上四个办法所涉及的第 2 条具体内容同上。《财库〔2011〕141 号办法》第 3 条规定如下："试点省（市）发行政府债券实行年度发行额管理，2011 年度发债规模限额当年有效，不得结转下年。"《财库〔2012〕47 号办法》第 3 条、《财库〔2013〕77 号办法》第 3 条和《财库〔2014〕57 号办法》第 3 条规定的内容与《财库〔2011〕141 号办法》第 3 条规定的内容除适用年度外均相同。

⑥　同注释④

地方市政债试点自发自还时期的立法具有以下特征：

首先，在制度路径上，作为上一时期地方政府发债的延续，2011年开始的试点自发自还时期仍然主要表现为中央单一层次的立法过程，并没有出现地方市政债配套立法。

其次，在制度效力上，与上一时期相同的是，一方面仅体现为部门规章的形式，立法层级较低；另一方面，虽然较上一时期单一年度立法相比具有了连续性的时间效力，但是仍体现为年度性临时立法特征。

再次，在制度创制的目的上，这一时期的地方市政债立法旨在通过进一步规范地方政府债务行为实现立法自身的完善和进步。①

最后，在制度内容上，主要侧重于地方政府市场化借债机制的确立和借债行为的规范。《财库〔2011〕141号办法》第5条、《财库〔2012〕47号办法》第5条以及《财库〔2013〕77号办法》第5条中都明确规定了地方政府采用承销的市场化借债方式，并在《财库〔2014〕57号办法》第5条中明确了地方政府应采用市场化的借债原则，即"试点地区按照市场化原则发行政府债券，遵循公开、公正、公平的原则。"这也就意味着我国地方政府借债行为正向着市场化约束的模式迈进。在这一过程中，规范的信用评级、信息披露等市场约束制度的建立和完善将会对地方政府债务行为形成有效的监督。在《财库〔2014〕57号办法》第6条和第7条中第一次对信用评级机构的选择、地方政府信息披露义务等内容作出了原则性规定。财政部在2014年6月6日还以规范性文件的形式出台了《关于2014年地方政府债券自发自还试点信息披露工作的指导意见》（以下简称《财库〔2014〕69号文件》）作为配套实施文件。另一方面，试点地方政府借债权得到了进一

① 《财库〔2011〕141号办法》第1条规定："为建立规范的地方政府举债融资机制，加强对2011年地方政府自行发债试点省（市）〔以下简称试点省（市）〕的指导，规范试点省（市）自行发债行为，制定本办法。"《财库〔2012〕47号办法》第1条规定："为建立规范的地方政府举债融资机制，加强对2012年地方政府自行发债试点省（市）〔以下简称试点省（市）〕的指导，规范试点省（市）自行发债行为，制定本办法。"《财库〔2013〕77号办法》第1条规定："为建立规范的地方政府举债融资机制，加强对2013年地方政府自行发债试点省（市）〔以下简称试点省（市）〕的指导，规范试点省（市）自行发债行为，制定本办法。"《财库〔2014〕57号办法》第1条规定："为建立规范的地方政府举债融资机制，加强对2014年地方政府债券自发自还试点地区（以下简称试点地区）的指导，规范试点地区发债偿债等行为，制定本办法。"

步的下放，由上一时期中央政府代发模式改由试点地方政府（2011—2014年）自行借债模式，并且在 2014 年试点地方政府偿债行为中实现了与自行借债相适应的自行还债。至此，我国在地方市政债务行为规范中实现了试点省级（副省级）地方政府借、用、还行为的进一步统一。

第二节　2014 年至今地方市政债法律制度现状

2014 年 8 月 31 日，我国出台了新《预算法》。以该法对地方市政债的总体性规定为标志，围绕地方政府债务行为规范，我国至今已在国家层级陆续出台了五部规范性法律文件，主要包括 2014 年 9 月 26 日国务院出台的《国发〔2014〕45 号决定》；财政部分别于 2015 年 3 月 12 日、2015 年 4 月 2日、2016 年 11 月 9 日相继出台的《地方政府一般债券发行管理暂行办法》（以下简称《财库〔2015〕64 号暂行办法》）；《地方政府专项债券发行管理暂行办法》（以下简称《财库〔2015〕83 号暂行办法》）；《地方政府一般债务预算管理办法》（以下简称《财预〔2016〕154 号办法》）以及《地方政府专项债务预算管理办法》（以下简称《财预〔2016〕155 号办法》）（见表3 -9，表 3 -10，表 3 -11，表 3 -12）。

表 3 -9　新《预算法》关于地方市政债务行为规范的主要内容

地方市政债务行为规范	主要内容
地方市政债举借行为规范	规定借债权主体、① 借债形式、② 借债担保的严格限制③

① 新《预算法》第 35 条第 2 款规定："经国务院批准的省、自治区、直辖市的预算中必需的建设投资的部分资金，可以在国务院确定的限额内，通过发行地方政府债券举借债务的方式筹措。举借债务的规模，由国务院报全国人民代表大会或者全国人民大表大会常务委员会批准。省、自治区、直辖市依照国务院下达的限额举借的债务，列入本级预算调整方案，报本级人民代表大会常务委员会批准。举借的债务应当有偿还计划和稳定的偿还资金来源，只能用于公益性资本支出，不得用于经常性支出。"

② 新《预算法》第 35 条第 3 款规定："除前款规定外，地方政府及其所属部门不得以任何方式举借债务。"

③ 新《预算法》第 35 条第 4 款规定："除法律另有规定外，地方政府及其所属部门不得为任何单位和个人的债务以任何方式提供担保。"

（续表）

地方市政债务行为规范	主要内容	
地方市政债使用行为规范	规定使用方向①	
地方市政债偿还行为规范	规定偿债保证机制②	
地方市政债务责任规范	规定各级地方政府及其部门违法债务行为的行政责任③	
地方市政债务行为监管规范	层级监管机制	规定国务院借债权审批和借债限额监管职能④
		规定国务院财政部门债务行为监管职能⑤
	民主监督机制	规定全国人大借债规模审批监管职能⑥
		规定省级人大债务行为重点审查内容⑦
		规定省级人大常委会债务预算调整方案审批职能⑧

表3－10 　《国发〔2014〕45号决定》关于地方市政债务行为规范的主要内容

地方市政债务行为规范	主要内容
地方市政债举借行为规范	进一步规定借债权主体和借债形式⑨

---

① 新《预算法》第35条第2款（同上）。

② 新《预算法》第35条第2款（同上）。

③ 新《预算法》第94条规定："各级政府、各部门、各单位违反本法规定举借债务或者为他人债务提供担保，或者挪用重点支出资金，或者在预算之外及超预算标准建设楼堂馆所的，责令改正，对负有直接责任的主管人员和其他直接责任人员给予撤职、开除的处分。"

④ 新《预算法》第35条第2款（同上）。

⑤ 新《预算法》第35条第5款规定："国务院建立地方政府债务风险评估和预警机制，应急处置机制以及责任追究制度。国务院财政部门对地方政府债务实施监督。"

⑥ 新《预算法》第35条第2款（同上）。

⑦ 新《预算法》第48条第7项规定："预算安排举借的债务是否合法、合理，是否有偿还计划和稳定的偿还资金来源。"

⑧ 新《预算法》第35条第2款（同上）。

⑨ 《国发〔2014〕45号决定》第（六）项第1条规定："赋予地方政府依法适度举债权限，建立规范的地方政府举债融资机制。经国务院批准，省、自治区、直辖市政府可以适度举借债务；市县级政府确需举借债务的由省、自治区、直辖市政府代为举借。政府债务只能通过政府及其部门举借，不得通过企事业单位等举借。地方政府举债采取政府债券方式。剥离融资平台公司政府融资职能。推广使用政府与社会资本合作模式，鼓励社会资本通过特许经营等方式参与城市基础设施等有一定收益的公益性事业投资和运营。"第2条规定："对地方政府债务实行规模控制和分类管理。地方政府债务规模实行限额管理，地方政府举债不得突破批准的限额。地方政府债务分为一般债务、专项债务两类，分类纳入预算管理。一般债务通过发行一般债券融资，纳入一般公共预算管理。专项债务通过发行专项债券融资，纳入政府性基金预算管理。"

（续表）

地方市政债务行为规范	主要内容
地方市政债使用行为规范	进一步规定债务资金使用方向①
地方市政债偿还行为规范	规定偿债危机处置原则②

表 3－11　《财库〔2015〕64 号暂行办法》和《财预〔2016〕154 号办法》
关于一般债券债务行为规范的主要内容

地方市政债务行为规范	主要内容
地方市政债举借行为规范	规定借债期限③、借债方式④、借债规模⑤、借债对象及税收激励措施⑥
地方市政债使用行为规范	规定一般债券债务资金使用方向⑦
地方市政债偿还行为规范	规定偿债来源：具体规定为一般公共预算收入⑧、规定对偿债责任的要求⑨

---

　　①　《国发〔2014〕45 号决定》第（六）项第 3 条规定："严格限定政府举债程序和资金用途。地方政府在国务院批准的分地区限额内举借债务，必须报本级人大或其常委会批准。地方政府举借债务要遵循市场化原则。建立地方政府信用评级制度，逐步完善地方政府债务市场。地方政府举借的债务，只能用于公益性资本支出和适度归还存量债务，不得用于经常性支出。"

　　②　《国发〔2014〕45 号决定》第（六）项第 4 条规定："建立债务风险预警及化解机制。财政部根据债务率、新增债务率、偿债率、逾期债务率等指标，评估各地区债务风险状况，对债务高风险地区进行风险预警。债务高风险地区要积极采取措施，逐步降低风险。对甄别后纳入预算管理的地方政府存量债务，各地区可申请发行地方政府债券置换，以降低利息负担，优化期限结构。要硬化预算约束，防范道德风险，地方政府对其举借的债务负有偿还责任，中央政府实行不救助原则。"

　　③　《财库〔2015〕64 号暂行办法》第 4 条规定："一般债券期限为 1 年、3 年、5 年、7 年和 10 年，由各地根据资金需求和债券市场状况等因素合理确定，但单一期限债券的发行规模不得超过一般债券当年发行规模的 30%。"

　　④　《财库〔2015〕64 号暂行办法》第 14 条规定："各地采用承销方式发行一般债券时，应与主承销商协商确定承销规则，明确承销方式和募集原则等。各地采用招标方式发行一般债券时，应制定招标规则，明确招标方式和中标原则等。"

　　⑤　参见《财库〔2015〕64 号暂行办法》第 4 条（同上）。

　　⑥　《财库〔2015〕64 号暂行办法》第 16 条规定："各地应积极扩大一般债券投资者范围，鼓励社会保险基金、住房公积金、企业年金、职业年金、保险公司等机构投资者和个人投资者在符合法律法规等相关规定的前提下投资一般债券。"第 19 条规定："企业和个人取得的一般债券利息收入，按照《财政部国家税务总局关于地方政府债券利息免征所得税问题的通知》（财税〔2013〕5 号）规定，免征企业所得税和个人所得税。"

　　⑦　《财库〔2015〕64 号暂行办法》第 2 条规定："地方政府一般债券（以下简称一般债券）是指省、自治区、直辖市政府（含经省级政府批准自办债券发行的计划单列市政府）为没有收益的公益性项目发行的、约定一定期限内主要以一般公共预算收入还本付息的政府债券。一般债券采用记账式固定利率附息形式。"《财预〔2016〕154 号办法》第 5 条规定："一般债务收入应当用于公益性资本支出，不得用于经常性支出。"

　　⑧　参见《财库〔2015〕64 号暂行办法》第 2 条（同上）。

　　⑨　《财库〔2015〕64 号暂行办法》第 20 条规定："各地应切实履行偿债责任，及时支付债券本息、发行费等资金，维护政府信誉。"

（续表）

地方市政债务行为规范	主要内容		
地方市政债务行为监管规范	市场监督机制		规定信用评级的原则性内容①
			规定地方政府信息披露义务的原则性内容②
	层级监管机制	中央	规定财政部发行兑付监管职能③
			规定财政部驻各地财政监察专员办事处债务行为监管职能④
		地方	规定省级政府对本地区借债限额、新增借债、使用项目建议、偿债本金计划的审批监管职能⑤
			规定省级财政部门对市、县政府偿债违约行为监管职能⑥
			规定市县政府对本级新增借债和使用项目建议审批监管职能⑦

---

① 《财库〔2015〕64号暂行办法》第6条规定："各地按照有关规定开展一般债券信用评级，择优选择信用评级机构，与信用评级机构签署信用评级协议，明确双方权利和义务。"第7条规定："信用评级机构按照独立、客观、公正的原则开展信用评级工作，遵守信用评级规定与业务规范，及时发布信用评级报告。"

② 《财库〔2015〕64号暂行办法》第8条规定："各地应及时披露一般债券基本信息、财政经济运行及债务情况等。"第9条规定："信息披露遵循诚实信用原则，不得有虚假记载、误导性陈述或重大遗漏。"《财预〔2016〕154号办法》第21条规定："省级财政部门应当按照规定做好一般债券发行的信息披露和信用评级等相关工作。披露的信息应当包括一般公共预算财力情况、发行一般债券计划和安排支出项目方案、偿债计划和资金来源，以及其他按照规定应当公开的信息。"

③ 《财库〔2015〕64号暂行办法》第23条规定："各地应将本地区一般债券发行安排、信用评级、信息披露、承销团组建、发行兑付等有关规定及时报财政部备案。一般债券发行兑付过程中出现重大事项及时向财政部报告。一般债券每次发行工作完成后，应在15个工作日内将债券发行情况向财政部及财政部驻当地财政监察专员办事处报告；全年发行工作完成后，应在20个工作日内将年度发行情况向财政部及财政部驻当地财政监察专员办事处报告。"

④ 《财库〔2015〕64号暂行办法》第22条规定："财政部驻各地财政监察专员办事处加强对一般债券的监督检查，规范一般债券的发行、资金使用和偿还等行为。"

⑤ 《财预〔2016〕154号办法》第11条第1款规定："省级财政部门在财政部下达的本地区一般债务限额内，根据债务风险、财力状况等因素并统筹考虑本地区公益性项目建设需求等，提出省本级及所辖各市县当年一般债务限额方案，报省、自治区、直辖市政府批准后下达市县级财政部门。"第10条第2款规定："省级财政部门应当于每年10月底前，提出本地区下一年度增加举借一般债务和安排公益性资本支出项目的建议，经省、自治区、直辖市政府批准后报财政部。"第12条第2款规定："省、自治区、直辖市发行一般债券偿还到期一般债务本金计划，由省级财政部门统筹考虑本级和各市县实际需求提出，报省、自治区、直辖市政府批准后按规定组织实施。"

⑥ 《财预〔2016〕154号办法》第25条规定："市县级财政部门未按时足额向省级财政部门缴纳一般债券还本付息、发行费用等资金的，省级财政部门可以采取适当方式扣回，并将违约情况向市场披露。"

⑦ 《财预〔2016〕154号办法》第11第2款规定："市县级财政部门应当提前提出省级代发一般债券和安排公益性资本支出项目的建议，经本级政府批准后按程序报省级财政部门。"

表 3 - 12　《财库〔2015〕83 号暂行办法》和《财预〔2016〕155 号办法》

关于专项债券债务行为规范的主要内容

地方市政债务行为规范		主要内容
地方市政债举借行为规范		规定借债期限①、借债方式②、借债规模③、借债对象及税收激励措施④
地方市政债使用行为规范		规定专项债券债务资金使用方向⑤
地方市政债偿还行为规范		规定偿债来源⑥
		规定对偿债责任的要求⑦
地方市政债务行为监管规范	市场监督机制	规定信用评级的原则性内容⑧
		规定地方政府信息披露义务的原则性内容⑨

---

　　① 《财库〔2015〕83 号暂行办法》第 5 条规定："专项债券期限为 1 年、2 年、3 年、5 年、7 年和 10 年，由各地综合考虑项目建设、运营、回收周期和债券市场状况等合理确定，但 7 年和 10 年期债券的合计发行规模不得超过专项债券全年发行规模的 50%。"

　　② 《财库〔2015〕83 号暂行办法》第 16 条规定："各地采用承销方式发行专项债券时，应与主承销商协商确定承销规则，明确承销方式和募集原则等。各地采用招标方式发行专项债券时，应制定招标规则，明确招标方式和中标原则等。"

　　③ 参见《财库〔2015〕83 号暂行办法》第 5 条（同上）。

　　④ 《财库〔2015〕83 号暂行办法》第 21 条规定："企业和个人取得的专项债券利息收入，按照《财政部国家税务总局关于地方政府债券利息免征所得税问题的通知》（财税〔2013〕5 号）规定，免征企业所得税和个人所得税。"

　　⑤ 《财库〔2015〕83 号暂行办法》第 2 条规定："地方政府专项债券（以下简称专项债券）是指省、自治区、直辖市政府（含经省级政府批准自办债券发行的计划单列市政府）为有一定收益的公益性项目发行的、约定一定期限内以公益性项目对应的政府性基金或专项收入还本付息的政府债券。"《财预〔2016〕155 号办法》第 5 条规定："专项债务收入应当用于公益性资本支出，不得用于经常性支出。"

　　⑥ 《财库〔2015〕83 号暂行办法》第 2 条（同上）。

　　⑦ 《财库〔2015〕83 号暂行办法》第 22 条规定："各地应切实履行偿债责任，及时支付债券本息、发行费等资金，维护政府信誉。"

　　⑧ 《财库〔2015〕83 号暂行办法》第 7 条规定："各地按照有关规定开展专项债券信用评级，择优选择信用评级机构，与信用评级机构签署信用评级协议，明确双方权利和义务。"第 8 条规定："信用评级机构按照独立、客观、公正的原则开展信用评级工作，遵守信用评级规定与业务规范，及时发布信用评级报告。"

　　⑨ 《财库〔2015〕83 号暂行办法》第 9 条规定："各地应当按照有关规定及时披露专项债券基本信息、财政经济运行及相关债务情况、募投项目及对应的政府性基金或专项收入情况、风险揭示以及对投资者做出购买决策有重大影响的其他信息。"第 10 条规定："专项债券存续期内，各地应按有关规定持续披露募投项目情况、募集资金使用情况、对应的政府性基金或专项收入情况以及可能影响专项债券偿还能力的重大事项等。"第 11 条规定："信息披露遵循诚实信用原则，不得有虚假记载、误导性陈述或重大遗漏。"

（续表）

地方市政债务行为规范	主要内容		
地方市政债务行为监管规范	层级监管机制	中央	规定财政部发行兑付监管职能①
			规定财政部驻各地财政监察专员办事处债务行为监管职能②
		地方	规定省政府对本地区借债限额、新增借债、使用项目建议、偿债本金计划审批监管职能③
			规定省政府对市县政府偿债违约行为监管职能④
			规定市县政府对本级新增借债和使用项目建议审批监管职能⑤

　　从我国地方市政债现行法律制度来看主要表现为以下特征：

　　首先，在制度背景上，如前所述《新型城镇化规划》和《国发〔2016〕8号意见》所指明的我国未来阶段的新型城镇化发展道路对地方市政债的立法规范提出了新的要求，地方市政债立法规范也成为该道路发展保驾护航的

---

　　① 《财库〔2015〕83号暂行办法》第25条规定："各地应当将本地区专项债券发行安排、信用评级、信息披露、承销团组建、发行兑付等有关规定及时报财政部备案。专项债券发行兑付过程中出现重大事项应当及时向财政部报告。专项债券每次发行工作完成后，应当在15个工作日内将债券发行情况向财政部及财政部驻当地财政监察专员办事处报告；全年发行工作完成后，应当在20个工作日内将年度发行情况向财政部及财政部驻当地财政监察专员办事处报告。"

　　② 《财库〔2015〕83号暂行办法》第24条规定："财政部驻各地财政监察专员办事处加强对专项债券的监督检查，规范专项债券的发行、资金使用和偿还等行为。"

　　③ 《财预〔2016〕155号办法》第10条第2款规定："省级财政部门应当于每年10月底前，提出本地区下一年度增加举借专项债务和安排公益性资本支出项目的建议，经省、自治区、直辖市政府批准后报财政部。"第11条第1款规定："省级财政部门在财政部下达的本地区专项债务限额内，根据债务风险、财力状况等因素并统筹考虑本地区公益性项目建设需求等，提出省本级及所辖各市县当年专项债务限额方案，报省、自治区、直辖市政府批准后下达市县级财政部门。"第12条第2款规定："省、自治区、直辖市发行专项债券偿还到期专项债务本金计划，由省级财政部门统筹考虑本级和各市县实际需求提出，报省、自治区、直辖市政府批准后按规定组织实施。"

　　④ 《财预〔2016〕155号办法》第25条规定："市县级财政部门未按时足额向省级财政部门缴纳专项债券还本付息、发行费用等资金的，省级财政部门可以采取适当方式扣回，并将违约情况向市场披露。"

　　⑤ 《财预〔2016〕155号办法》第11条第2款规定："市县级财政部门应当提前提出省级代发专项债券和安排公益性资本支出项目的建议，经本级政府批准后按程序报省级财政部门。"

必要的法律手段。至此，从新中国成立至今，地方市政债法律制度每个阶段的发展无疑都体现出服务于国家经济和社会发展的主要作用，而地方政府借债也都是在执行中央有关宏观经济政策和社会发展的决定，这也突显了我国单一制国家结构形式的特征。

其次，在制度路径上，延续了新中国成立初期开始的由中央政府主导的立法模式。这一时期以新《预算法》为根据，共出台了一部行政法规（《国发〔2014〕45 号决定》）、四部部门规章（《财库〔2015〕64 号暂行办法》、《财库〔2015〕83 号暂行办法》、《财预〔2016〕154 号办法》以及《财预〔2016〕155 号办法》），共六部法律规范。从立法数量来看，这是新中国成立以来在中央层面集中立法最多的一个阶段。

再次，在制度效力上，这是我国改革开放以来第一次以法律的形式（新《预算法》）对地方政府债务行为进行的规范，体现出较高的法律位阶和较强的法律约束力。此外，与中央代发代还时期和地方市政债试点自发自还时期的部门规章相比，我国现行部门规章经过前期经验的积累已经成为更具普适性的规范性法律文件，而不再是上述时期的年度临时性规范性法律文件。

第四，在制度创制的目的上，这一时期的立法仍然立足于地方政府债务行为的规范，这既是国债转贷时期以来地方市政债法律制度路径依赖的现实体现，也是我国"全面推进依法治国"的目标要求。①

第五，在制度内容上基本形成了以新《预算法》和《国发〔2014〕45 号决定》为总体性制度安排并以四部部门规章为配套的地方市政债法律规范。

在地方市政债举借行为规范方面，一是在借债权主体上，通过新《预算法》的法律形式第一次明确赋予了省级政府（省、自治区、直辖市）借债权，使省级政府实现了地方市政债借、用、还行为的统一。二是通过法律形式第一次确定了地方市政债券是地方政府唯一的借债形式，进一步确定和

---

① 2014 年 10 月 23 日十八届四中全会审议通过了《中共中央关于全面推进依法治国若干重大问题的决定》，在该《决定》中确立了"全面推进依法治国"的总目标，即"建设中国特色社会主义法治体系，建设社会主义法治国家"。

规范了借债渠道。三是通过法律形式严格限制地方政府为任何单位和个人提供借债担保，这旨在解决我国地方政府融资平台时期地方政府不规范的隐性债务担保造成的隐性负债问题。① 四是通过《财库〔2015〕64 号暂行办法》和《财库〔2015〕83 号暂行办法》两部专门性部门规章分别针对一般债券和专项债券的借债期限、借债方式、借债对象、借债规模比例等借债行为要素进行了具体的制度化规定，与前述以美国为代表的国际此类先进做法更趋于一致。在借债期限上主要以中期为主。② 《财库〔2015〕64 号暂行办法》第 4 条规定，一般债券债务的借债期限为"1 年、3 年、5 年、7 年和 10 年"；《财库〔2015〕83 号暂行办法》第 5 条规定，专项债券债务的借债期限为"1 年、2 年、3 年、5 年、7 年和 10 年"。在借债方式上，《财库〔2015〕64 号暂行办法》第 14 条和《财库〔2015〕83 号暂行办法》第 16 条针对一般债券和专项债券都规定可以采用招标方式进行市场化借债。根据发行条件及其投资者的决定方式不同，债券发行方式可分为招标发行和非招标发行。由于招标发行是公开进行的，所以具有公募性质。③ 在借债对象上，《财库〔2015〕64 号暂行办法》第 19 条和《财库〔2015〕83 号暂行办法》第 21 条针对一般债券和专项债券的企业与个人投资者都规定"免征企业所得税和个人所得税"。该项规定对市场投资者尤其是个人投资者起到了正向激励作用，利于地方政府通过社会筹集闲散资金。在借债规模上确定了定量的比例规范。《财库〔2015〕64 号暂行办法》第 4 条针对一般债券的借债规模规定："单一期限债券的发行规模不得超过一般债券当年发行规模的 30%。"《财库〔2015〕83 号暂行办法》第 5 条针对不同期限债券的借债规模规定："7 年和 10 年期债券的合计发行规模不得超过专项债券全年发行规模的 50%。"

在地方市政债使用行为规范方面，主要规定了债务资金的使用方向。新

---

① 参见朱大旗. 中华人民共和国预算法释义〔M〕. 北京：中国法制出版社，2015：149.

② 一般而言，借债期 1 年以下的为短期债券，1—10 年为中期债券，10 年以上的为长期债券。参见中华人民共和国财政部预算司. 财政部代理发行 2009 年地方政府债券问题解答〔M〕. 北京：中国财政经济出版社，2009：21.

③ 参见中华人民共和国财政部预算司. 财政部代理发行 2009 年地方政府债券问题解答〔M〕. 北京：中国财政经济出版社，2009：42 –43.

《预算法》第35条第2款规定，省级地方政府借用的债务"只能用于公益性资本支出，不得用于经常性支出"。《财库〔2015〕64号暂行办法》第2条规定了一般债券公益性资本支出的使用方向，即"没有收益的公益性项目"。《财库〔2015〕83号暂行办法》第2条规定了专项债券公益性资本支出的使用方向，即"有一定收益的公益性项目"。《国发〔2014〕45号决定》第（六）项第3条进一步规定，地方市政债务资金还可"适度归还存量债务"。在此基础上，《财预〔2016〕154号办法》第6条第2款和《财预〔2016〕155号办法》第6条第2款分别针对一般债券和专项债券的债务本金正式规定了借新还旧的内容。

在地方市政债偿还行为规范方面，我国从新中国成立至今的法律制度都比较注重对政府债信的维护，对地方政府偿债都有规定。新《预算法》第35条第2款规定，地方政府偿债要有"稳定的偿还资金来源"，《财预〔2016〕154号办法》第6条第1款、第2款和《财预〔2016〕155号办法》第6条第1款、第2款针对一般债券债务和专项债券债务分别规定以一般公共预算收入、政府性基金收入或专项收入对本息进行偿还。此外，《国发〔2014〕45号决定》以行政法规的形式规定了偿债危机处置的基本原则，即中央政府不救助原则。

在地方市政债务行为监管规范的内容方面：我国基本形成了市场监督、层级监管、民主监督三位一体的监管体系。在市场监督机制中，作出了对信用评级和信息披露义务的概括性规定；在层级监管机制中，实现了由中央政府自上而下的行政监管模式，尤其确立了中央政府对地方政府借债的严格审批制。2016年10月27日，国务院办公厅印发了《地方政府性债务风险应急处置预案》，其中规定了包括地方政府债券债务在内的地方政府性债务"预警和预防机制"。在民主监督机制中，发挥了地方人大常委会对在本级预算调整过程中债务预算调整内容的审批权，发挥了其对债务收支调整的监督作用。

第四章
我国地方市政债法律制度问题解析

第一节　地方市政债借债法制规范有待完善

一、地方政府融资平台借债权法制规范效力位阶有待提升

《国发〔2014〕45号决定》在第（六）项第1条中提出了"剥离融资平台公司政府融资职能"的要求。随后财政部出台了《财预〔2014〕351号办法》，旨在确定将地方政府融资平台债务划为政府债务的原则和方案，为其后续清理整顿做好了准备。① 2017年4月26日，财政部、发展改革委、司法部、人民银行、银监会、证监会联合出台了《关于进一步规范地方政府举债融资行为的通知》。该通知指出："推动融资平台公司尽快转型为市场化运营的国有企业、依法合规开展市场化融资。""融资平台公司在境内外举债融资时，应当向债权人主动声明不承担政府融资职能，并明确自2015年1月1日起其新增债务依法不属于地方政府债务。"在继上述两文件之后，该文件已经明确了地方政府融资平台的发展方向并不得承担政府融资职能。但该文件只是规范性文件，相对于规范性法律文件其效力还有待进一步提升。

---

① 参见李经纬. 新预算法及其配套政策法规实施背景下的地方融资平台转型与发展〔J〕. 中央财经大学学报，2015（2）：4.

二、地方政府信息披露法制监管体系有待健全

地方政府履行信息披露义务是其借债的必要条件。《国发〔2014〕45 号决定》第一次以行政法规的形式明确了地方政府借债实行市场化机制的原则。这就意味着我国地方政府借债必须在市场主体的监督下进行。但是，我国关于地方政府信息披露义务的规定主要散见于《财库〔2015〕64 号暂行办法》（第 8 条和第 9 条）、《财库〔2015〕83 号暂行办法》（第 9 条、第 10 条和第 11 条）以及《财预〔2016〕154 号办法》（第 21 条）中，并没有专门的法律规范。

三、地方政府信用评级法制监督体系有待健全

地方政府欲实施借债还必须接受信用评级机构对其信用级别的评定监督。信用评级结果也将受到投资者的市场监督。与地方政府信息披露法制体系存在的问题相近，我国关于对地方政府信用评级的规定主要散见于《财库〔2015〕64 号暂行办法》（第 6 条和第 7 条）、《财库〔2015〕83 号暂行办法》（第 7 条和第 8 条）中，也没有专门的法律规范。

四、中央政府借债审批监管模式过于严格

我国对于省级地方政府借债实行中央政府严格的审批制，与日本、法国中央政府日渐放松的直接行政监管相比，这种监管体制难免过于僵化。如前所述，对地方政府借债实行严格的审批制无论对于地方政府自负偿债责任的实现还是借债效率的提高等都会产生不利影响。

五、地方人大年度借债预算审批监督制度有待确立

新《预算法》第 35 条第 2 款规定："省、自治区、直辖市依照国务院下达的限额举借的债务，列入本级预算调整方案，报本级人民代表大会常务委员会批准。"可见，省级人大常委会只对债务预算调整方案具有审批权，而无权进行债务年度预算审批，这就使地方政府存在脱离人大监督的风险。① 而人大预算监督的制度缺陷是导致这一问题产生的重要原因。虽然新《预算法》

---

① 参见朱大旗. 新《预算法》面面观〔J〕. 中国经济报告，2014（10）：44.

对原《预算法》人大预算监督的相关内容进行了修订和补充，但是制度的完善和发展并不是一蹴而就的，我国人大预算监督制度仍然存在一些问题。① 例如，在预算监督实体制度上存在人大预算草案修正权的缺失。新《预算法》第43条与原《预算法》第39条相同，规定了人民代表大会对本级预算草案的审批监督权，但是对于各级人大是否有权对预算草案予以修正并没有规定。② 这就会使人大只能被动接受预算草案，而即使赋予地方人大债务年度预算审批权，该审批权的行使也只能流于形式上的监督作用。又如，在预算监督程序制度上体现为地方人大预算草案审查时间不充分的问题。虽然新《预算法》第44条针对人大预算草案审查时间不充分的问题已经有所改进，但是只是对国务院财政部门就中央预算草案的提交时间进行了修订，由原《预算法》第37条规定的"全国人民代表大会会议举行的一个月前"提前到"全国人民代表大会会议举行的四十五日前"。对于地方各级预算草案的审查时间只是将原《预算法》规定的"一个月"具体规定为"三十天"，而并没有延长地方人大预算草案的审查时间，这就为地方人大对包括债务在内的财政年度预算进行实质性审查造成了障碍。再如，在预算监督配套制度上也存在人大能力建设不足的问题。目前，我国人大代表都是兼职工作，只在人大常委会委员中实现了部分专职化。面对政府年度审批繁重的工作任务，这种非专职性必然影响预算监督效率的提高。此外，我国人大代表都来自各行各业，面对复杂的预算内容也很难做到专业性。③ 在新型

---

① 新《预算法》对原《预算法》人大预算监督内容的修订在第一条"立法宗旨"中就得到了体现。对原《预算法》中"为了强化预算的分配和监督职能，健全国家对预算的管理，加强国家宏观调控"进行了删除，修订为"规范政府收支行为，强化预算约束，加强对预算的管理和监督"。该条将国家作为预算管理者的法律地位调整为预算法的规范对象，突破了计划经济体制下单纯将预算作为政府管理工具的认知，对于强化代议主体、社会主体等预算监督法定地位提出了总的目标要求。第一条还规定了"建立健全全面规范、公开透明的预算制度"的内容，这既是十八大以来对全口径预算管理要求的体现，也突出了人民在预算监督中的重要法律地位。参见朱大旗. 中华人民共和国预算法释义［M］. 中国法制出版社，2015：1－2. 新《预算法》对原《预算法》关于人大预算监督内容的补充体现在其新增第46中。该条明确了对报送各级人大审批的预算草案进行细化的规定，要求各级预算支出按照功能分类和经济分类进行编制，这也为加强人大对预算的监督准备了前提条件。参见朱大旗. 中华人民共和国预算法释义［M］. 中国法制出版社，2015：46.
② 新《预算法》第43条（原《预算法》第39条）规定："中央预算由全国人民代表大会审查和批准。地方各级预算由本级人民代表大会审查和批准。"
③ 参见魏陆. 人大预算监督效力评价和改革路径选择［J］. 上海交通大学学报（哲学社会科学版），2015（1）：69.

城镇化建设中，我国地方政府需要大规模的债务预算资金，如果使他们直接接受地方人大的预算审批，在时间十分有限的情况下将更不利于对地方政府债务收支行为的监督。

第二节　地方市政债用债法制规范有待明确

一、地方市政债公益性资本支出界定不明

新《预算法》对地方市政债的使用方向作出了总体性规定，即规定为公益性资本支出，但是法律对于何为公益性资本支出并没有作出明确的界定。公益性资本支出的概念是厘清公益性资本支出法定基本范围的基础，只有对其进行清晰的界定才能为公益性资本支出法定基本范围的进一步划分提供前提条件。

二、地方市政债公益性资本支出法定基本范围有待确定

如上所述，由于我国法律并没有对公益性资本支出进行明确的定义，这就直接导致了我国公益性资本支出法定基本范围的缺失。这种过于概括和模糊的法制设计不利于明确地方政府债务支出责任以及用债效率的提高。如前文所述，美国虽然在全国范围内并没有统一具体的适债范围，但是州宪法或法律对本州的公益性资本支出也规定了具体的范围。日本则在《地方财政法》中以列举的方式对地方市政债的使用范围作出了基本的规定。

我国事权的法制化缺陷也是地方市政债公益性资本支出法定基本范围缺失的主要原因。我国现行政府间财政事权划分的法制内容主要体现在《国务院关于实行分税制财政管理体制改革的决定》（以下简称《国发〔1993〕85号决定》）中。1993年12月15日，国务院以行政法规的形式出台了《国发〔1993〕85号决定》，规定了我国从1994年1月1日起开始实行分税制财政管理体制，从而也确立了我国目前财政管理体制的基本法律框架。事权作为财政管理体制的重要内容，《国发〔1993〕85号决定》主要就中央政府和地方政府间的事权（支出责任）进行了划分，规定了二者间的划分

原则和具体应承担的财政支出责任。① 但是，其无论在制度效力还是制度内容方面都存在缺陷。就制度效力而言，从前述法国关于事权划分的制度创制来看，国家《权力下放法案》作为政府间事权规范的法律形式是其他事权配套法律制度制定的基础。而我国以行政法规的形式确定事权内容的做法在一定程度了上弱化了该制度的法律效力。就制度内容而言，法国除了《权力下放法案》之外，还通过一系列法律、法令对政府间事权范围作出了彻底且具体的划分，从而明确了各级政府的支出责任。而《国发〔1993〕85号决定》只规定了中央政府和地方政府之间事权划分的内容，并未就省以下地方政府的事权作出划分。而在实践中恰恰是省以下地方政府在提供公共服务职能方面较之于中央政府承担了主要的支出责任。由于我国政府级次较多，如果根据"一级政府、一级预算"的原则，那么在地方政府事权划分体系中，省与市之间、市与县之间以及县与乡之间都存在事权划分。② 在这种事权划分复杂化的国情下，我国地方政府间事权划分法制内容的缺失必然会导致地方政府间事权和支出责任的混乱，从而进一步对地方市政债公益性资本支出的法定基本范围的不确定性造成影响。

三、地方市政债公益性资本支出具体项目缺乏确定机制

地方市政债公益性资本支出法定基本范围的缺失使我国无法进一步确定具体使用项目，也无法像美国一样在立法确定地方市政债具体使用项目的基础上通过综合多维度项目分值的科学方法来确定地方市政债最终使用的具体项目。

---

① 《国发〔1993〕85号决定》规定，对于中央财政而言，其主要承担"国家安全、外交和中央国家机关运转所需经费，调整国民经济结构、协调地区发展、实施宏观调控所必需的支出以及由中央直接管理的事业发展支出"。在此原则的基础上，中央财政应具体承担国防费、武警经费、外交和援外支出等11项支出责任。对于地方财政而言，其主要承担"本地区政权机关运转所需支出以及本地区经济、事业发展所需支出"。在此原则的基础上，地方财政应具体承担地方行政管理费、公检法支出、地方统筹基本建设投资等11项具体的支出责任。参见《国发〔1993〕85号决定》第三条第（一）项规定。

② 参见刘剑文等. 中央与地方财政分权法律问题研究［M］. 北京：人民出版社，2009：148.

第三节　地方市政债偿债法制规范有待健全

一、明确而灵活偿债方式的缺乏

我国现行法律制度并没有对地方市政债的偿债方式作出明确的规定，这对于保护债权人利益、维护地方政府债信会产生不利影响。例如，日本采取了多种偿债方式，其中对于公募债务资金采取了本息一次性偿还的方式。我国立法也欠缺灵活的偿债方式。例如，美国就采取了以早赎为特征的提前偿债方式。

二、地方政府偿债保障制度的缺失

虽然我国新《预算法》等法律法规规定了地方市政债要有明确的偿债资金来源，但是这只是针对地方政府偿债进行的以税收和收益作为最基本的偿债保证。从美国、日本、法国和印度偿债保障制度经验来看，都建立了以偿债准备金为基础的偿债保障制度作为偿债保证的补充。

三、地方政府偿债违约责任不明确

我国现行法律制度只是通过《财库〔2015〕64 号暂行办法》和《财库〔2015〕83 号暂行办法》两部部门规章提出了应及时还本付息的要求，但是并未规定地方政府偿债违约行为的法律责任。法律责任对于违法者而言具有惩戒和教育的作用。[①] 如果不对地方政府偿债违约行为规定明确的责任内容，则不利于对债权人利益的保护以及地方政府信用的实现。

四、地方政府偿债危机下"中央政府不救助"原则的适用困境

中央政府在地方政府遭遇偿债危机实施不救助原则值得商榷。《国发〔2014〕45 号决定》第（六）项第 4 条规定："地方政府对其举借的债务负

---

① 参见孙国华，朱景文. 法理学［M］. 北京：中国人民大学出版社，1999：162.

有偿还责任，中央政府实行不救助原则。"不能否认的是，就制度内容本身而言会减少地方政府在偿债不能或借债时对中央政府的救助预期，从而对地方政府控制借债规模、明确偿债责任以及防范债务风险等都具有积极作用。但是，无论从我国地方政府现行的法律地位还是国外的实践经验来看，这种不救助原则目前难以实现。

第五章
我国地方市政债法律制度完善对策

第一节　地方市政债法律制度价值目标

价值一词主要源于西方，主要有两种指称：有价值的事物或价值评价标准。在英语中，表前者意义的为名词属性，表后者意义的为动词属性。① 此处仅从静态意义对价值进行分析。静态意义上的价值通常表示人们对某种事物需要满足与该种需要被满足的一种关系。这种价值关系可分为不同的目标层次，外在价值和内在价值。外在价值，也即目的性价值，是指法对于社会事物有哪些促进价值；内在价值，也即手段性价值，是指法本身所应涵盖的价值内容。在目的性价值和手段性价值的关系中，目的性价值居于首位，具有根本性、唯一性的特征；手段性价值是实现目的性价值的方式，是为目的性价值服务的，所以可体现为多元价值目标的集合，在这种集合中，公平、效率、秩序、平等、自由等都是其基本体现。②

一、地方市政债法律制度的目的性价值

局部性公共利益是地方市政债法律制度的目的性价值。"何为公共利

---

① 参见张文显. 法理学 [M]. 北京：北京大学出版社，2011：250-251.
② 此处关于价值目标层次的论述主要参见张文显. 法哲学范畴研究 [M]. 北京：中国政法大学出版社，2001：194. 孙德周. 经济法基础理论研究中系统科学应用初探 [J]. 法商研究，1999 (5)：67.

益，因非常抽象，可能人言人殊。"① 可见，欲对公共利益进行界定是一项
复杂而难以有确切答案的研究。虽然公共利益难以界定，但是我们仍然可以
从诸多学者的论述中研习到此问题的共性特征。

公共利益一词源于古希腊时代的"整体国家观"，公共利益被视为全体
社会成员的整体利益并被亚里士多德称为"最高的善"②。边沁用共同体利
益来描述公共利益，其根据"利益有关者"将利益分为一般共同体利益和
个人利益。他从功利主义的角度认为，一般共同体存在的意义是以个体存在
为前提的，所以个体利益是共同体利益的基础，共同体内个体利益之和即是
共同体利益。③ 德国有位学者认为公共利益不必是全体人的利益。他以地区
（行政区域）为标准划分公共利益群体，认为在这个空间内的大多数人的利
益即为公共利益，少数人利益则为个人利益。④

我国诸多学者从不同角度对何为公共利益进行了分析。例如，张千帆教
授认为界定公共利益的中心是"公共"一词。他从个人主义方法论出发，
认为公共的产生离不开众多个体的基础，所以法学中的公共利益就是实现个
体利益之和的最大化。⑤ 胡鸿高教授认为，公共利益虽然是一个不确定的概
念，但是公共性是其必须具备的属性，这种公共性是以满足社会整体性需要
和国强民富为目标。⑥ 周林彬教授指出公共利益作为一种客观存在，虽然具
有模糊性，但是有其基本的要素构成，即利益主体的公共性（不确定性）、
价值取向的公共性、公共利益的长远性、实现方法的正当性。⑦

综上，不同学者对公共利益的各种界定和观点都突出了公共利益本身具
有强烈的不确定性的特征。一方面表现为利益主体的不确定性。基于定性分

---

① 转引自吕忠梅，陈虹. 经济法原论 [M]. 北京：法律出版社，2008：21.

② 参见胡建淼，刑益精. 公共利益概念透析 [J]. 法学，2004 (10)：3.

③ 参见 [英] 边沁. 道德与立法原理导论 [M]. 时殷宏，译. 北京：商务印书馆，2015：59.

④ 参见陈新民. 德国公法学基础理论 [M]. 北京：法律出版社，2010：232.

⑤ 参见张千帆. 公共利益是什么？——社会功利主义的定义及其宪法上的局限性 [J]. 法学论坛，2005 (1)：29.

⑥ 参见胡鸿高. 论公共利益的法律界定——从要素解释的路径 [J]. 中国法学，2008 (4)：67.

⑦ 参见周林彬，何朝丹. 公共利益的法律界定探析——一种法律经济学的分析进路 [J]. 甘肃社会科学，2006 (1)：133.

析，公共利益既可以是整体性（国家）的公共利益，也可以是局部性（如地域性）的公共利益；基于定量分析，公共利益主要体现为不确定的多数人利益。另一方面表现为利益内容的不确定性。这种不确定性主要在于对"公共"一词的理解不同，既有被理解为个体利益之和，也有被理解为社会整体利益的需要。此外，公共利益的内容的发展变化也体现了这种不确定性。因为公共利益总是由当时社会的客观情况决定的，社会情形动态地变化决定了公共利益不可能表现为定型化的内容。①

作为地方市政债目的性价值的局部性公共利益，应是局部性多数人的共同利益。这符合多数决定少数，少数服从多数的民主理念。局部性公共利益的内容也并不是一成不变的，要适应不同时期公共利益的需要。例如，作为地方市政债的创始国美国，其债务用途经历了内战前后的不同变化，也表现出利益主体不同的利益需要。美国在内战前，其州政府债务支出主要用于战争费用、弥补殖民地经常性支出赤字等功能，很少用于公共资本支出；而美国从内战后到 1910 年，随着其经济的发展尤其是城市规模的扩大，使人们产生了新的利益需要，如教育、供水、排污、垃圾处理等，从而也使债务用途开始朝着公共资本支出转型。②

二、地方市政债法律制度的手段性价值

首先，代内公平和代际公平是公平作为手段性价值在地方市政债法律制度价值目标中的体现。"要使事物合乎正义（公平），须有毫无偏私的权衡；法律恰恰正是这样一个中道的权衡。"③ 地方市政债法律制度作为这种"中道的权衡"，其公平价值包括两方面的内容，代内公平和代际公平。代内公平的指称具有广泛性，包括："国家间的公平问题；地区间的公平问题；当代人之间的公平问题；中央和地方间的公平问题。"④ 此处的代内公平是指地区间和当代人的横向公平，是基于当代人由于区域间流动所造成的成本收

---

① 参见陈新民. 德国公法学基础理论 [M]. 北京：法律出版社，2010：231.
② 参见章江益. 财政分权条件下的地方政府负债——美国市政公债制度研究 [M]. 北京：中国财政经济出版社，2009：69 - 72.
③ ［古希腊］亚里士多德. 政治学 [M]. 吴寿彭，译. 北京：商务印书馆，1965：169.
④ 郑少华. 生态主义法哲学 [M]. 北京：法律出版社，2002：156.

益的公平问题。由于公益性资本支出所形成的固定资产建设周期较长，如果通过税收来筹集地方政府建设投资的资金，基于人口的流动性，很可能造成纳税主体不一定是建设投资形成的公共产品的受益者；外来人口也不是当期的纳税主体却成为该公共产品的受益人，对于其中任何一类主体都存在权利和义务的分离问题。而通过地方市政债法确立的项目收益债和一般责任债，根据"谁受益谁付费"和"谁受益谁赋税"的原则可以避免这种不一致导致的公平价值的损失。代际公平主要体现为当代人和后代人之间的纵向公平。由于公益性固定资产的建设周期和使用周期较长，如果用税收收入进行建设很容易造成前人栽树、后人乘凉的纵向不公平问题。地方政府通过借债，将还本付息的资金来源分担在不同时期，从而有助于克服这种纵向不公平。①

其次，提高债务资源配置效率是作为手段性价值的效率在地方市政债法律制度价值目标的体现。资源配置是指："运用有限的资源形成一定的资产结构、产业结构以及技术结构和地区结构，达到优化资源配置的目标。"而"资源配置的核心是效率问题，效率问题又是资源的使用方式和使用结构问题"②。地方政府通过依法借债形成的市政债务收入是地方政府财政资源（财政收入）的重要组成部分。但是这种债务收入资源也是有限的，不能被随意使用。而地方市政债法律制度可以通过限定地方市政债的使用方向、使用范围等规范地方政府用债行为，从而实现对债务支出方向和结构的有效控制。

最后，保障系统重要性地方政府债务安全是作为手段性价值的秩序在地方市政债法律制度价值目标的体现。秩序是一个系统的范畴，通常表现为要素之间关系的规则性、连续性或协调性。③ 对秩序的维护作用是法基本价值的体现，而经济秩序作为秩序内容的有机组成部分，法律对其起着重要的维护功能，使其保持连续性和稳定性。④ 系统重要性地方政府债务是指："具有重要影响力，其爆发危机或破产可能会给其他地方政府、银行体系以及实

---

① 参见魏加宁等. 地方政府债务风险化解与新型城市化融资［M］. 北京：机械工业出版社，2014：503.

② 陈共. 财政学［M］. 北京：中国人民大学出版社，2015：15.

③ 参见沈湘平. 人学视野中的秩序［J］. 河北学刊，2002（2）：58.

④ 参见张文显. 法理学［M］. 北京：北京大学出版社，2011：260－262.

体经济造成直接或间接的负面影响。"① 系统重要性地方政府债务安全可以
从不同角度进行评价。从政府层级来看，下级政府的债务安全会影响上级政
府的财政安全（例如市县政府之于省级政府；省级政府之于中央政府）；从
债务总体规模看，其规模越大，爆发债务危机的可能性越大，危机的影响范
围越大，影响力也越强；从经济的关联性看，地方政府债务情况对银行等金
融体系也有重要影响。② 综上，地方政府债务所表现出的系统重要性是其自
身问题外部性风险的体现。所以，只有对地方政府债务本身进行法律约束才
能有效防范这种负外部性影响。而地方市政债法律制度就是通过对地方政府
借（如借债规模）、用（如用债方向、基本范围）、还（如偿债责任）行为的
规范实现防范地方政府债务风险、保证系统重要性地方政府债务安全的目的。

第二节　地方市政债专门法律制度创设的必要性问题分析

　　如前所述，2014 年至今我国以新《预算法》为根据已经在国家层级出
台了包括行政法规和部门规章在内的五部规范性法律文件。但是，由于我国
地方市政债法律制度发展的晚近性，虽然其已经形成了基本框架体系，但是
所涉及的具体制度内容仍有待进一步完善。所以，本书认为我国在现阶段并
不宜对地方市政债进行专门性法律制度的创设。但是，地方市政债相较于民
法之债尤其是国债又具有自身的特殊性，并且与国债作为财政收入的组成部
分相辅相成。所以，本书认为我国应在现有地方市政债法律制度完善的基础
上在未来以法律的形式对地方市政债进行统一的专门立法，这对于强化地方
政府债务行为规范和监管效力，切实保障债权人利益等方面都具有积极意义。

---

　　① 魏加宁等．地方政府债务风险化解与新型城市化融资［M］．北京：机械工业出版社，
2014：33.
　　② 参见魏加宁等．地方政府债务风险化解与新型城市化融资［M］．北京：机械工业出版社，
2014：34.

第三节　地方市政债借债法制规范的完善

一、地方政府融资平台借债权法制规范效力位阶的提升①

2010 年 6 月 10 日，国务院出台了《关于加强地方政府融资平台公司管理有关问题的通知》，将地方平台称为"地方政府融资平台公司"，并将其界定为："由地方政府及其部门和机构通过财政拨款或注入土地、股权等资产设立，承担政府投资项目融资功能，并拥有独立法人资格的经济实体。"历史上，地方平台在解决分税制下地方政府财政收支矛盾、保持宏观经济稳定增长等方面都起到过积极的作用。② 2008 年 11 月，中央出台了 4 万亿元的经济刺激计划，采取了积极的财政政策和适度宽松的货币政策。为了贯彻执行中央这一宏观经济调控政策，2009 年 3 月 18 日中国人民银行和银监会联合出台了《关于进一步加强信贷结构调整促进国民经济平稳较快发展的指导意见》（以下简称《银发〔2009〕92 号文件》），其中就提出了支持有条件的地方政府组建地方平台以实现为中央政府投资项目提供配套资金目标的指导意见。③ 这一时期地方平台进入到了迅猛发展阶段，从 2008 年上半年的 3000 家扩张至 2009 年年末的 8221 家。④ "但是随着地方平台数量增加，地方债务规模也在急剧扩张，这给地方财政稳定带来了较大挑战。"⑤

基于地方平台对地方财政稳定的重要影响以及系统重要性财政风险的防范，鉴于前述地方平台存在的问题，本书认为，应适时以规范性法律文件的形式对地方平台借债权进行进一步规范。

---

① 为方便行文，地方政府融资平台以下简称为地方平台。
② 参见中国地方财政研究中心等. 中国地方财政发展研究报告——地方政府融资平台发展研究［M］. 北京：经济科学出版社，2012：17–18.
③ 参见《银发〔2009〕92 号文件》第一项指导意见。
④ 参见中国地方财政研究中心等. 中国地方财政发展研究报告——地方政府融资平台发展研究［M］. 北京：经济科学出版社，2012：18.
⑤ 马毅鹏. 地方政府融资平台转型路径：透视水利行业［J］. 改革，2015（3）：82.

二、地方政府信息披露法制监管体系的健全

首先，建立专门性地方政府信息披露法律制度。我国关于地方政府信息披露的义务内容主要规定在《财库〔2015〕64号暂行办法》（第8条和第9条）、《财库〔2015〕83号暂行办法》（第9条、第10条和第11条）中，我国应借鉴美国《证券法》和《15c2-12规则》的立法形式，对地方政府信息披露义务制定专门的立法规范，形成完整的法律规范体系。我国早在2014年地方市政债试点自发自还时期就由财政部出台了《关于2014年地方政府债券自发自还试点信息披露工作的指导意见》，也即《财库〔2014〕69号文件》。但是，一方面该文件的效力层级较低，仅仅是规范性文件的形式；另一方面从时间效力和空间效力上看，该文件只适用于2014年地方政府债券试点地区，对于我国现行的所有省级政府借债行为已经并不适用。但是鉴于该制度内容曾由财政部予以规定，所以对于地方政府信息披露的义务内容可首先由财政部根据以往经验以部门规章的形式进行专门性规定，待条件成熟时再上升为行政法规或法律。

其次，完善地方政府债务重大事项信息披露的法制内容。关于地方政府债务重大事项的信息披露义务内容，我国只在《财库〔2015〕83号暂行办法》第10条中提出了应披露"可能影响专项债券偿还能力的重大事项"的要求，并没有对重大事项的具体内容作出规定。而且我国只是针对专项债券提出了这种要求，对于一般债券并没有此类规定。在《财预〔2016〕154号办法》和《财预〔2016〕155号办法》的第21条条款中也只是简单列举了应该披露哪些内容而并没有区分何为重大事项的内容。对此，我国财政部门可以借鉴美国《15c2-12规则》中关于重大事项列举的12类情形，结合我国的国情对重大事项作出进一步的划分，尤其是应该增加对地方政府发行一般债券重大信息披露的义务内容。

再次，建立一次性信息披露和持续性信息披露相结合的信息披露方式。一次性信息披露和持续性信息披露是动静结合的两种信息披露方式。前者是地方政府开始市场化借债的必要条件之一；而后者可以使投资者、社会公众等市场主体能够实现对地方政府债务相关情况的常态化监督，同时也能为信用评级机构的持续性信用评级提供相应的信息来源。我国现行法律规范中只

有《财库〔2015〕83 号暂行办法》第 10 条对地方政府发行专项债券提出了持续性披露的要求，但是对于如何进行持续性披露并没有具体的规定。对此，2014 年《财库〔2014〕69 号文件》曾以规范性文件的形式对该方式进行了规定，指明地方市政债券的信息披露应分为"债券发行日信息披露"和"债券存续期信息披露"，对存续期的持续性信息披露规定了较为具体的内容，分别对年度、季度、月度规定了不同的披露内容。① 所以，我国财政部可以此为参考并增加地方政府发行一般债券进行持续性披露的义务内容。

最后，制定地方政府债务信息披露责任追究内容。《财库〔2015〕64 号暂行办法》和《财库〔2015〕83 号暂行办法》分别在第 9 条和第 11 条中以禁止性规则规定了信息披露的义务，即："信息披露遵循诚实信用原则，不得有虚假记载、误导性陈述或重大遗漏。"但是，其并未规定违反该禁止性规定应承担的法律后果。鉴于此，本书认为，如果地方政府信息披露行为出现上述情形应首先依法承担相应的行政责任，如由上一级行政机关责令改正、对相关部门（如财政部门）主管人员和其他直接责任人员依法给予行政处分等。如上述情节严重，构成犯罪的，应依法追究刑事责任。

三、地方政府信用评级法制监督体系的健全

首先，建立专门性地方政府信用评级法律制度。我国关于地方政府信用评级的内容主要规定在《财库〔2015〕64 号暂行办法》（第 6 条和第 7 条）以及《财库〔2015〕83 号暂行办法》（第 7 条和第 8 条）中。国务院在《国发〔2014〕45 号决定》中就提出了"建立地方政府信用评级制度，逐步完善地方政府债券市场"的要求。可见，地方政府信用评级制度是逐步完善我国地方政府债券市场的重要组成部分，也是首先应该建立和完善的制度。早在地方市政债试点自发自还时期财政部就出台了《关于 2014 年地方政府债券自发自还试点信用评级工作的指导意见》，即《财库〔2014〕70号文件》。但是该规范性文件无论从层级效力还是时间和空间效力来看都存在与地方政府信息披露制度同样的问题。所以，仍可以首先由财政部根据以往的制定经验通过部门规章的形式规定具体内容，待条件成熟时则上升为行

---

① 参见《财库〔2014〕69 号文件》第 4 条和第 5 条规定。

政法规或法律。

其次，建立地方政府信用评级机构选聘机制。关于对信用评级机构的选择问题，《财库〔2015〕64 号暂行办法》和《财库〔2015〕83 号暂行办法》分别在第 6 条和第 7 条中都规定了"择优选择信用评级机构"的原则性内容，但是对于如何择优选择并未有具体规定。由于地方政府与一般工商企业不同，相对于评级机构而言地方政府往往处于更强势的地位，所以易于对评级机构施加行政压力。① 在面对这种行政压力时，如果只选择一家评级机构，那么必然影响评级机构的独立性和评级结果的公正性。对此，本书认为美国分阶段选择评级机构的方法可以为我国所借鉴。正如本书前面所述，美国对地方政府信用评级采用的是初始借债阶段一至两家评级机构的一次性信用评级和信用调整阶段的双机构评级相结合的评级机制，尤其是作为后者的持续性信用评级中的双机构评级机制，其可以通过竞争机制提高评级结果的准确性并且多元化的信息数据来源有助于社会公众和债权人对地方政府偿债能力进行连续性的识别。此外，随着我国采用投资人付费模式的新型评级机构的出现，这种双机构评级机制的设计将更有利于评级结果的准确性从而使地方政府在市场主体的监督下严格约束自己的债务行为。②

最后，着力构建一般债券信用评级的法制内容。一般债券和专项债券同为我国地方政府发行的法定债券，但是专项债券主要以非政府完全担保性质的某种来源性收入作为偿债保证，如果这种来源性收入不足以还本付息，那么由投资者自行承担损失。与专项债券相比，一般债券是以一般公共预算收入（主要是税收）作为偿债保证，是和地方政府信用直接相关的一种债务表现形式。所以，对一般债券信用评级不当会对地方政府产生直接影响。从信用评级的结果来看，如果对一般债券的信用评级过高，虽然可以降低地方政府借债成本，但是会造成社会公众和债权人对地方政府信用的高估，一旦地方政府发生偿债违约则会使其信用受到严重损失；如果对一般债券的信用评级过低则会增加地方政府的借债成本，地方政府将要用更多的税收收入来

① 参见蔡国喜. 市政债券信用评级制度构想［J］. 中国金融，2014（7）：25.
② 我国既有评级机构大多采用发行人付费模式，中债资信评估有限责任公司试采用了投资者付费的模式。参见蔡国喜. 市政债券信用评级制度构想［J］. 中国金融，2014（7）：25.

进行还本付息，也会对未来的纳税人造成不公平的纳税负担。从美国对一般债券信用评级的制度经验来看，三大信用评级机构虽然采用了不同的评级标准，但都会采用一些共同的评级要素。我国国家相关部门（如财政部门）可以在对这些要素进行甄别的基础上进行借鉴并将其作为法律制度的确定内容。而评级机构可以在采用法定评级要素的基础上开发其他要素以增强评级结果的准确性和可靠性，为投资者尽可能提供更多的数据信息。

四、中央政府严格借债审批监管模式的改善

我国新《预算法》第35条第2款规定，省级政府预算内必须举借的债务资金必须得到国务院的批准才能自行举借。可见，新《预算法》虽然赋予了省级政府借债权，但是其欲行使此权力必须受到中央政府的严格监管。从同为单一制国家的日本和法国的监管机制来看，中央政府都曾在历史上实行过类似的严格审批监管模式。但是，这种模式要么在实践中表现得不够理想（如日本），要么随着国家的分权化改革而有所放松（如法国）。总之，在这两个国家中已经有中央政府逐渐放松对地方政府借债进行严格行政监管的趋势。对于地方政府借债，日本由原来严格的审批制过渡为由中央政府、地方议会、地方政府三方主体共同参与的"协商制"；法国也实现了由中央派出机构代替原来的中央政府实行了非强制性审批监管，并转而着重发挥了地方议会对地方政府借债前的债务预算审批监督。据此，本书认为我国可以同时借鉴日本和法国的做法。一方面，鉴于我国实行中央政府严格审批制的现实路径，我国可以效仿日本将是否必须经过严格审批的事项分为特殊事项和一般事项，特殊事项必须接受中央政府的严格审批。另一方面，对于一般事项，可以借鉴法国地方议会的监管模式，正如本书下面文字所指出的，应由我国地方人大履行债务预算审批监管职责。

五、地方人大年度借债预算审批监督制度的确立

预算是"反映政府活动的一面镜子"[①]。人大审查和批准预算法案具有重要的监督意义。一方面可以监控公共财政资金的使用，截断政府滥用权力

---

① 王传纶，高培勇．当代西方财政经济理论［M］．北京：商务印书馆，1995：134．

的物质来源，对政府起到有力的威慑作用；另一方面，代议机关是人民意愿的表达场所，体现了人民和民选代表对政府的信任和支持，从而确保政府权力运作的正当性和经济基础。① 《国发〔2014〕45 号决定》第（六）项第 2 条作出了将地方政府债务分类纳入预算管理的规定。但是如前所述，新《预算法》第 35 条第 2 款只是赋予省级人大债务预算调整方案的审批权而非债务年度预算的常态化审批权。② 预算调整是这样一种事实，即由于经济形势改变、政治博弈持续、领导集团更迭、公众焦点转移等原因，事前取得的预计信息难免会出现纰漏，执行中的预算案也就难以与通过时的预算案完全相同。③ 可见，预算调整是预算执行机关在面对非常规事件时进行预算修正的必要环节，而人大预算调整审批权也就是一种非常规性的监督权。对于地方政府债务收支行为而言，尤其是地方政府在面对我国新型城镇化战略进行大规模借债融资的情况下，其进行的应是一种常规性的债务收支行为。所以，新《预算法》只赋予省级人大非常规性的预算调整审批权与地方政府这种常规性的债务收支行为明显是不匹配的。鉴于前述我国在人大预算监督制度中出现的问题，本书认为应在赋予人大预算草案修正权、延长预算草案审批时间以及提高人大专职人员比重的基础上，在我国现行法律制度下同时赋予省级人大年度借债预算草案审批权。鉴于前述中央政府严格行政监管模式的改进措施，此处省级人大的审批权限应仅限于一般事项。此外，在未来我国法律确认市县级地方政府借债权的情况下，也应赋予市县级地方人大此项权限，使地方年度预算草案中的债务预算收支内容真正纳入地方人大的常规性监督范畴，这也是对地方政府债务收支行为实现事前监督的体现，它对于防范债务风险、保护债权人利益等都具有重要意义。

---

① 参见周志刚. 论公共财政与宪政国家——作为财政宪法学的一种理论前言［M］. 北京：北京大学出版社，2005：136 – 137.

② 《国务院〔2014〕45 号文件》第（六）项第 2 条规定："地方政府债务分为一般债务、专项债务两类，分类纳入预算管理。一般债务通过发行一般债券融资，纳入一般公共预算管理。专项债务通过发行专项债券融资，纳入政府性基金预算管理。"

③ ［美］爱伦·鲁宾. 公共预算中的政治：收入与支出，借贷与平衡［M］. 叶娟丽，等，译. 北京：中国人民大学出版社，2001：250.

第四节 地方市政债用债法制规范的明确

一、地方市政债公益性资本支出的界定

新《预算法》规定地方市政债只能用于公益性资本支出，但是对于何为公益性资本支出，我国法律并未给出明确的解释。从构词上看，"公益性"是"资本支出"的修饰语，"资本支出"是中心语。所以，首先应从"资本支出"出发对这一词组进行界定。

财政支出按照经济分类标准，可分为经常性支出和资本性支出。经常性支出，是指："维持公共部门正常运转或保障人民基本生活所必需的支出。主要包括人员经费、公用经费及社会保障支出。"[1] 资本性支出既是一个经济学概念也是一个会计学概念，而后者为通用概念。[2] 会计学中资本性支出是指："那些大规模的能够导致获得或增加政府固定资产的支出。"也可概括理解为"用于固定资产"的支出，这种"固定资产"对于公民的生活质量和经济发展都至关重要。[3] 可见，资本性支出强调了两点特征：一是支出规模巨大；二是支出用途和结果必须为固定资产，且该固定资产的形成和增加有助于社会公共利益的实现和适应经济发展的需要。此外，资本性支出还具有持久性、非经常性的特点。持久性主要包括收益的持续性或使用年限的持久性；非经常性是指该种支出并非每年都发生，固定资产的形成或更新有一个时间间隔。[4] 根据上述特点，资本性支出通常使用到以下方面：主要包括土地（购买、准备土地的各种成本等）、修建或维修建筑的成本及购置或维修该建筑附设设施和设备的成本、非建筑资本的改进成本（修建或维修

---

[1] 陈共．财政学［M］．北京：中国人民大学出版社，998：35.

[2] 经济学认为，资本性支出是指那些能够在将来形成多年份或者至少一年以上收益的支出。马俊，赵早早．公共预算：比较研究［M］．北京：中央编译出版社，2011：417.

[3] 参见转引自马俊，赵早早．公共预算：比较研究［M］．北京：中央编译出版社，2011：416－417.

[4] 参见马俊，赵早早．公共预算：比较研究［M］．北京：中央编译出版社，2011：417.

街道、桥梁、供水管、污水管等)、购买或维修与建筑无关的设施和设备成本(汽车、家具等)。① 经常性支出的主要特点是"当期支出成本 = 当期支出收益",成本与收益不会形成时间上的交错,所以税收是其支出成本的补偿形式。与其相反,资本性支出的结果通常会形成一年以上的固定资产,支出后的相当一部分收益递延到未来,如果仅以税收为其补偿形式则有违公平原则,所以除了税收之外债务收入是其重要的补偿形式。

另一方面在"公益性"这个词中主要在于对公益的理解。根据《现代汉语词典》的解释,"公益"即为公共的利益。② 所以,公益是公共利益的简称。结合资本性支出的涵义,公益性资本支出可概括为用于满足社会公共利益需要的固定资产支出。③ 所以,在上述资本性支出的范围中,只要符合满足社会公共利益需要的支出都在该范围内,也就是说如果上述所列举的汽车、家具等是为了满足社会公共利益的需要也都可以属于公益性资本支出范围。

二、地方市政债公益性资本支出法定基本范围的确定④

地方市政债公益性资本支出法定基本范围的确定首先取决于两个维度的界分:一是政府和市场间公益性资本支出的划分;二是政府间公益性资本支出责任的划分。

地方市政债公益性资本支出法定基本范围的确定首先应考虑政府和市场间对公益性资本支出的划分。2016 年 8 月 16 日国务院出台了《国务院关于推进中央与地方财政事权和支出责任划分改革的指导意见》(以下简称《国

---

① 参见马俊,赵早早. 公共预算:比较研究 [M]. 北京:中央编译出版社,2011:418.

② 中国社会科学院语言研究所词典编辑室. 现代汉语词典(第六版)[M]. 北京:商务印书馆,2012:452.

③ 这种固定资产并非只强调不能移动的资产,只要能使用一年以上的可见资产都属于固定资产. 参见马俊,赵早早. 公共预算:比较研究 [M]. 北京:中央编译出版社,2011:417.

④ 由于一国的社会发展阶段不同,处于不同社会阶段的公益性资本支出的具体范围也会有所不同。例如,在前文提及的美国地方市政债发展的历史进程中,城市化使美国地方市政债的使用就出现了由传统学校等设施向新型城市化基础设施扩展的趋势。虽然日本以列举的方式规定了地方债的五条使用范围,但是在具体用词上仍运用了"物品""其他文教设施""其他土地设施"等概括性和弹性化的表述方式。所以,对于公益性资本支出的范围不宜作具体范围的规范,在此我们也只做出对其基本范围的判断研究。

发〔2016〕49 号文件》），其在总体要求中指出："将应由市场或社会承担的事务，交由市场主体或社会力量承担。"所以，在确定地方政府公益性资本支出用途的时候应首先引导和发挥市场在资源配置中的决定作用，而不是直接运用地方政府的财政（债务）手段进行直接干预。而公益性资本支出作为财政支出的重要组成部分，是政府行使财政事权的过程，也是政府实现与财政事权对应的财政支出责任的体现。① 所以，政府间公益性资本支出的基本划分与政府间财政事权及其支出责任的划分密切相关。对此，《国发〔2016〕49 号文件》主要就该部分的改革内容进行了框架性的安排，其虽然在一定程度上弥补了我国一直以来事权和支出责任划分"不清晰、不合理、不规范等问题"的不足，但是该文件只是从规范性文件的角度进行了总体性安排，与政府间财政事权及其支出责任的明确化、法定化还存在距离。② 对此，我国尤其应借鉴法国的做法，在明确中央和地方政府之间以及地方政府之间的法定事权和支出责任的基础上进一步确定地方市政债公益性资本支出的法定基本范围。政府间事权和支出责任的法制化是一个长期的问题。地方市政债公益性资本支出法定基本范围的确立对于提高现阶段地方市政债务资金使用效率具有重要意义。在我国事权和支出责任划分缺乏明确法制化内容的情况下，我国现阶段新型城镇化发展战略下，大规模城市公共设施的需要为地方市政债公益性资本支出法定基本范围的确立提供了依据。

2014 年 3 月 16 日，中共中央和国务院联合出台了《新型城镇化规划》。该《规划》首次允许地方政府通过发行市政债券的方式为城市建设融资，明确了市政债券融资是多元化城市建设融资机制的重要组成部分，开启了地方市政债服务于国家新型城镇化发展战略的新时期，这也是"市政债券"

---

① 《国发〔2016〕49 号文件》指出："财政事权是一级政府应承担的运用财政资金提供基本公共服务的任务和职责，支出责任是政府履行财政事权的支出义务和保障。"

② 《国发〔2016〕49 号文件》在指导思想中就指出，要"立足全局、着眼长远、统筹规划、分步实施，科学合理划分中央与地方财政事权和支出责任"。在总体要求中进一步提出，要"逐步实现政府间财政事权和支出划分法治化、规范化"。可见，我国政府间财政事权和支出责任划分改革并不是一蹴而就的，而是需要逐步完成的改革任务。

一词第一次出现在国家规范性文件中。① 在至今最新的国家规范性文件，即
2016 年 2 月 2 日国务院出台的《国发〔2016〕8 号文件》中进一步提出了
创新投融资机制的要求，其中要求省级政府借债使用方向向新型城镇化倾
斜。② 可见，我国新型城镇化发展战略对地方市政债公益性资本支出基本范
围的确定提出了新的要求。

新型城镇化过程中，城市公共设施是需要大量投入以形成有效供给的主
要公共物品。③ 城市公共设施，是指为企业生产和居民生活提供基本条件、
保障城市存在和发展的各种工程和服务的总称。根据提供产品的物质形态，
可将城市公共设施分为技术性基础设施和社会性基础设施。技术性基础设施
即为有形的公共产品，包括市政工程设施和公用事业。前者通常指狭义的基
础设施，具体包括市内道路、公交路线、交通干道设施、地下地面各类管
道、桥梁等。后者包括环境保护、环境安全、自来水、电力、煤气、污水和
雨水排放、垃圾处理、文化体育场所、公园、邮政通信等。社会性基础设
施，是指通过国家权力介入或公共资源投入为满足公民的社会性直接需求所
提供的公共服务，包括教育、文化、卫生、医疗、养老等。④ 可见，作为城
镇化过程中的城市公共设施具有公益性、投入规模大以及双重形态（有形
和无形）的特征。根据上述公益性资本支出的两个突出特征，包括市政工
程设施和公用事业在内的技术性基础设施应属于公益性资本支出范围。而社
会性基础设施虽然被定义为无形的公共服务，但是这种公共服务的提供也需
要有形固定资产的投入作为必要条件，从而形成教育、文化、卫生、医疗、
养老等有形建筑或设施。所以，我国新型城镇化中地方市政债公益性资本支
出的法定基本范围可以主要包括三个方面：市政工程设施、公用事业以及形

---

① 《新型城镇化规划》第二十五章规定："在完善法律法规和健全地方政府债务管理制度基础
上，建立健全地方债券发行管理制度和评级制度，允许地方政府发行市政债券，拓宽城市建设融资
渠道。"

② 《国发〔2016〕8 号文件》在"创新投融资机制"部分第 25 条规定："允许有条件的地区
通过发行地方政府债券等多种方式拓宽城市建设融资渠道。省级政府举债使用方向要向新型城镇化
倾斜。"

③ 参见刘尚希，傅志华. 新型城镇化中的财政支出责任［M］. 北京：经济科学出版社，
2015：89.

④ 参见刘尚希，傅志华. 新型城镇化中的财政支出责任［M］. 北京：经济科学出版社，
2015：98.

成固定资产的社会性基础设施。

此外，对于公益性资本支出法定基本范围的制定可以借鉴日本《地方财政法》的做法，用列举的方式将其以国家法律的形式予以规范。

三、地方市政债公益性资本支出具体项目遴选机制的确立

在我国地方市政债公益性资本支出法定基本范围确立后，我国针对地方政府公益性资本支出具体使用项目的遴选机制可以借鉴美国汉姆市的二纬评分方法确定项目的优先顺序。该方法的主要特点在于既考虑了立法中对使用项目的规定，又综合考虑了法律以外的其他因素（如风险、效率、经济优势等）对项目优先性的影响，从而更有助于节约债务资金、提高债务资金的使用效率。而对于使用项目的法律规范可以借鉴美国由州进行立法的做法，尝试由省级人大在符合上述法定公益性资本支出基本范围的基础上通过地方性法规的形式予以规定。

第五节　地方市政债偿债法制规范的健全

一、明确而灵活偿债方式的确立

由于我国在现行立法中确立了地方政府市场化的公募借债方式，所以在原则上可以借鉴日本到期一次性还本付息的偿债方式。同时，还应与美国提前偿债的灵活方式相结合，择时将早赎方式纳入到立法中来。

二、偿债准备金偿债保障制度的建立

在域外典型国家中，美国、日本和法国都建立了偿债准备金制度，主要对偿债准备金的来源比例、使用和存续期间作出了规定。美国和法国的偿债准备金制度主要在于对债务人偿债不能时的事后补救，而日本建立该制度主要用于事前预防债务风险的发生。不管是事前还是事后，偿债准备金制度作为地方政府自身偿债能力的一种补充制度对于保护债权人利益、维护地方政府信用、防范债务风险、降低债务成本都具有重要的作用。所以，我国可以

借鉴上述国家的做法，从财政转移支付、税收、还本付息总额等收入中按比例提取一定额度作为偿债准备金，并且规定其存在期限，以保证最大限度的发挥偿债准备金的作用。

三、地方市政债偿债违约责任制度内容的完善

《财库〔2015〕64 号暂行办法》第 20 条和《财库〔2015〕83 号暂行办法》第 22 条只是对地方政府提出了及时偿债的要求，但是并没有规定地方政府如发生偿债违约时的处罚责任。我国早在地方市政债代发代还时期的《财预〔2009〕15 号办法》中就对地方政府按时还本付息的违约行为进行了规定。该部门规章第 4 条中主要以公式的形式定量规定了地方政府缴纳罚息的计算方法，即："罚息 = 逾期支付额 ×（票面利率 ×2 ÷ 全年天数）× 逾期天数。"所以，我国现行法律规范可以借鉴该种形式对偿债违约的地方政府处以罚息的惩罚。因为从经济学的角度，罚金比徒刑更应该鼓励适用。①

四、地方市政债偿债危机下"中央政府不救助"原则的改进

《国发〔2014〕45 号决定》第一次以行政法规的形式对地方政府偿债违约行为规定了政府间处置原则，即"地方政府对其举借的债务负有偿还责任，中央政府实行不救助原则"。该原则对于强化地方政府偿债责任意识、防范道德风险具有积极的作用，但是无论从理论层面还是实践层面，我国中央政府实行不救助原则都值得商榷。

第一，地方政府在我国现行法律制度体系中缺乏独立的法律地位。

一方面，地方政府相对于中央政府而言并不具有独立的行政主体地位。我国《宪法》第 3 条第 4 款规定："中央和地方的国家机构职权的划分，遵循在中央统一的领导下，充分发挥地方的主动性、积极性的原则。"可见，在中央政府和地方政府的权力关系中，应当首先坚持中央的统一领导，即中

---

① 参见〔美〕理查德·A. 波斯纳. 法律的经济分析〔M〕. 蒋兆康，译. 北京：中国大百科全书出版社，1997：297.

央集权。中央政府和地方政府体现了领导与被领导、服从与被服从的从属关系。地方分权是中央集权前提下的权力下放，地方政府主动性、积极性的充分发挥是一种相对的、有限的地方分权，中央政府仍居于国家权力的重心。① 中央和地方的此种行政关系也是我国单一制国家结构形式的体现。中央政府的统一领导地位在《宪法》第 85 条、第 89 条和第 105 条均有具体体现。《宪法》第 85 条确立了中央人民政府（国务院）的宪法地位，即规定中央人民政府（国务院）为最高国家行政机关。第 89 条则规定了国务院作为最高国家行政机关行使最高行政管理权，统一领导地方各级国家机关的工作，而根据第 105 条第 1 款的规定，该地方各级国家机关就是地方各级政府。可见，地方政府是国家行政机关的重要组成部分，在中央政府的统一领导下对本地方实行行政管理。《地方组织法》第 59 条和第 61 条的规定进一步体现出地方政府相对于中央政府的从属地位，是中央政府的执行者。第 59 条和第 61 条规定，地方政府必须执行上级国家行政机关的决定和命令。而中央政府作为地方各级政府的统一领导者和最高领导者当然属于上级国家行政机关的范畴，而且属于最高层级国家行政机关。所以地方政府必须执行中央政府的决定和命令。从计划经济时期以来地方市政债的立法背景中都体现了这种从属关系，都是地方政府为了执行国家宏观经济政策和社会发展战略而采取的地方财政法律手段。如前所述，现阶段的地方市政债立法也必然要服务于国家新型城镇化发展战略的需要。所以，地方政府债务行为是地方政府作为中央政府的执行者角色而发生的，并不是自行决策的产物，这也体现了与我国《宪法》根本性规范的一致性。

另一方面，地方政府相对于中央政府而言缺乏独立的财政主体地位。1993 年出台的《国发〔1993〕85 号决定》确定了我国现行的分税制财政管理体制。虽然《国发〔1993〕85 号决定》对中央政府和地方政府的事权、财权和财力等内容做出了相关划分，赋予了地方政府一定的财政主体地位，但是其较之于独立的财政主体地位仍存有距离。事权、财权和财力是衡量政

---

① 参见刘茂林. 中国宪法导论 [M]. 北京：北京大学出版社，2009：208.

府是否为独立财政主体的核心要素。① 事权划分作为政府职能配置的具体表现是财权和财力划分的基础。② 地方政府欲成为一级独立的财政主体，必须首先有较为明确、合理的事权范围。就事权而言，《国发〔1993〕85号决定》只是初步构建了中央与地方财政事权的体系框架，正如前述《国发〔2016〕49号文件》所指出的，在我国现行中央政府与地方政府的事权划分中仍然存在事权划分"不清晰、不合理、不规范等问题"。所以，我国现行财政体制下地方政府事权划分存在的上述问题必然会影响到地方政府独立的财政主体地位。就财权而言，税权是财权的核心，而税收立法权在各项税权中又是最基本和最重要的一项权力。③ 所以，税收立法权在很大程度上决定了政府是否具有独立的财政主体地位。《国发〔1993〕45号决定》在指导思想中明确规定了由中央政府集中行使对中央税、地方税和共享税的税收立法权，保证了中央对税收立法权的绝对权力地位。相比之下，地方政府税收立法权的缺失就成为导致其缺乏独立财政主体地位的重要因素。就财力而言，《国发〔1993〕45号决定》在中央政府和地方政府的收入划分中虽然作出了"充实地方税税种、增加地方税收收入"的规定，但是该文件的指导思想中明确指出，调动中央和地方两个积极性的最终目的就是"促进国家财政收入合理增长"。可见，在我国现行财政体制下，事权、财权和财力划分的重心依然在中央政府进而对地方政府作为财政主体的独立性造成了影响。所以，在中央政府和地方政府的关系中，地方政府无论作为行政主体还是财政主体相对于中央政府而言都处于从属地位，只是中央政府的执行者和派出机构。当地方政府发生偿债违约而无法独立履行债务责任的时候，中央政府以不救助为原则显然有失妥当。

① 在多级政府体系中，财政作为政府的经济活动只要有一级政府就必然有一级财政，事权、财权和财力作为财政的核心要素也应该有一级政府对应的一级事权、一级财力、一级财权。一级事权是指一级政府拥有或承担的管理社会公共事务的权力，是政府职能在政府之间的配置；一级财力是一级政府在一定时期内实际支配的、主要以货币形式存在的社会资源，包括自有财力（税收收入等）和转移支付财力；一级财权是一级政府支配和管理财政收入的权力，税权是一级政府财权的核心。参见王玮. 地方财政学〔M〕. 北京：北京大学出版社，2013：9.
② 参见贾康，梁季. 配套改革取向下的全面审视：再议分税制〔J〕. 中共中央党校学报，2013（5）：67.
③ 参见王玮. 地方财政学〔M〕. 北京：北京大学出版社，2013：96.

第二，我国地方政府易于对中央政府产生救助预期。所谓救助预期是地方政府认为中央政府会最终承担偿债责任。① 如前所述，我国地方政府并不具有独立的法律地位，作为执行体或派出机构对中央政府具有较强的从属性和依赖性，这就会增强地方政府对中央政府的救助预期。而中央政府不救助原则却难以适应我国现行中央政府与地方政府关系下地方政府对中央政府合理的救助预期。此外，我国新《预算法》第35条第2款虽然赋予了省级地方政府借债权，但是地方政府借债权能否实现必须得到国务院的批准，并没有自行决定权。这种制度安排其实是弱化了地方政府承担偿债责任的独立性，反而增强了中央政府自身潜在的救助风险。所以，中央政府不救助原则与该种制度逻辑缺乏事实上的一致性。

第三，中央政府不救助原则在国外具体实践中也难以适用。"今天政府承诺不进行财政援助，但明天也许会发生改变。"② 根据世界银行的调查结果，实践中中央政府对地方政府偿债违约的财政救助在世界范围内普遍存在，即使在美国这样分权程度较高的联邦制国家，地方政府破产也是个例。③ 在联邦制国家中，虽然其在理论上要求各级政府对本级负完全责任，联邦政府也总是事先强调自己不会承担地方政府债务责任，但是这种"强调"的结果是非常有限的。④ 当地方政府发生偿债危机时，中央政府通常会施以援手，虽然中央政府的这种做法会引起其他地区的不满，但是任由地方政府破产所导致的政治和社会动荡的结果会更差。而且受地方规模的影响，经济规模越大、人口越多、级别越高的地方政府，中央政府对其进行实际救助的可能性就越大。⑤ 如前所述，作为典型的联邦制国家，美国州和地方政府在财政上都保持着较强的独立地位，也有适用于地方政府偿债违约情形的

---

① 参见冯兴元，李晓佳. 论城市政府负债与市政债券的规则秩序框架 [J]. 管理世界，2005（3）：33.

② Inman R. P. Transfers and Bailouts: Institutions for Enforcing Local Fiscal Discipline [J]. Constitutional Political Economy, 2001（12）：146.

③ 参见冯兴元，李晓佳. 论城市政府负债与市政债券的规则秩序框架 [J]. 管理世界，2005（3）：3.

④ See Jonathan A. R. The Dilemma of Fical Federalism: Grants and Fiscal Performance Around the World [J]. American Journal of Political Science, 2002（3）：4.

⑤ See Wildasin. D. E. Hard and Soft Budget Constraints in Intergovernmental Fiscal Relations [J]. Policy Reasearch Working Paper, 1997：21.

《美国破产法》作为偿债危机的事后处置制度。但是在这种制度安排下，地方政府在实践中也少有破产。而且值得注意的是，该法并不适用于州政府而只适用于州以下地方政府。所以，州政府在偿债危机下很有可能成为接受联邦政府救助的受助者。可见，美国政治和财政体制只是为不救助提供了一种基本前提，对于是否救助则取决于现实选择，而救助就是这种现实选择的结果。所以，结合我国央地关系的现状以及国外的实践经验，本书认为中央政府在地方政府偿债危机下应实施救助。但是这种救助并不是无条件的单纯的资金援助。正如有学者所提出的，中央应对地方实施有条件的救助。① 如前所述，国务院办公厅印发了《地方政府性债务风险应急处置预案》，其中对债务风险事件级别、地方政府财政重整计划等作出了规定。如果选择中央政府有条件救助，应该在该文件的基础上进行法律条件的创设。例如，对于接受救助的地方政府应规定必要的财政惩罚措施。该惩罚措施的制定对于约束地方政府债务行为、弱化道德风险以及降低中央政府救助风险都具有重要的作用。所以，对于接受救助的地方政府，中央政府可以采取减少财政转移支付或增加其他地方转移支付等方法对受助地方政府进行必要的惩罚。②

---

① 参见周小付，黄圣.《地方财政平衡法》视角下的地方债风险防控［J］. 湖南社会科学，2013（6）：159.

② 参见周小付，黄圣.《地方财政平衡法》视角下的地方债风险防控［J］. 湖南社会科学，2013（6）：159. 华国庆. 地方债危机：中央政府"救"与"不救"的权衡［J］. 武汉大学学报（哲学社会科学版），2015（3）：13.

结　论

　　本书从"债"和"市政"的界定出发对地方市政债进行了构词学上的解析，并结合我国地方市政债现行法律文本，从债的本质和法律行为的角度对地方市政债进行了界定。在此基础上对地方市政债的涵义、特征以及地方市政债的法律性质进行了深入分析，并对地方市政债法律制度界定、构成、意义等给予了阐释。

　　我国新型城镇化发展战略对地方政府建设融资提出了新的要求。在此背景下，为了规范地方政府债务行为，我国基本确立了以新《预算法》为核心的地方市政债法律制度体系，在借债权主体、借债方式、用债方向、偿债来源等方面都有所规范。但是与美国、日本、法国、印度这些典型国家的先进做法相比仍存在差距。在这些先进做法中，地方市政债使用行为规范的具体化、偿债方式的灵活性等方面都为我国地方市政债法律制度的完善提供了借鉴经验。而欲对我国地方市政债法律制度的现状、问题和完善对策展开可靠的研究，除了借鉴国外先进经验之外还应立足于本国国情。本书从历史发展的角度对新中国成立以来地方市政债法律制度的发展路径进行了较为细致的考察并得出了其存续的发展规律。基于对典型国家地方市政债法律制度和我国地方市政债法制变迁的研究，本书总结了我国地方市政债法律制度存在的问题。最后，在明确我国地方市政债法律制度价值目标的基础上提出了相应的完善对策。

　　《中共中央关于全面推进依法治国若干重大问题的决定》中提出了"坚持走中国特色社会主义法治道路，建设中国特色社会主义法治体系"的总体性要求，而"加快建设法治政府"是完成这一要求的主要实施内容。作为践行"中国特色社会主义法治道路"和"法治政府"的重要环节，地方市政债法律制度就是以规范地方政府债务行为为核心内容的高度规范性指引，也是"中国特色社会主义法治体系"的重要组成部分。

此外，地方市政债法律制度的完善性与一国政治体制、财政体制等复杂因素紧密相关。由于我国正处于政治、经济和社会改革时期，这些复杂因素也正在逐步完善。这就决定了本书的研究囿于时代的限制难免存在不足之处。从而需要在今后的研究中根据本国国情的变化对地方市政债法律制度予以进一步思考。

参考文献

一、中文著作类

[1]［德］恩格斯．家庭、私有制和国家的起源［M］．中共中央著作编译局，译．北京：人民出版社，1999.

[2]［德］马克思，恩格斯．马克思恩格斯全集（第1卷）［M］．中共中央著作编译局，译．北京：人民出版社，1995.

[3]［德］马克思，恩格斯．马克思恩格斯全集（第3卷）［M］．中共中央著作编译局，译．北京：人民出版社，1995.

[4]［德］维尔纳·弗卢梅．法律行为论［M］．迟颖，译．北京：法律出版社，2013.

[5]［法］让－雅克·卢梭．社会契约论［M］．杨国政，译．西安：陕西人民出版社，2006.

[6]［古希腊］亚里士多德．政治学［M］．吴寿彭，译．北京：商务印书馆，1965.

[7]［美］爱伦·鲁宾．公共预算中的政治：收入与支出，借贷与平衡［M］．叶娟丽，等，译．北京：中国人民大学出版社，2001.

[8]［美］保罗·A.萨缪尔森，威廉·D.诺德豪斯．经济学（上）［M］．北京：首都经济贸易大学出版社，1998.

[9]［美］费雪．州和地方财政学［M］．吴俊培，译．北京：中国人民大学出版社，2000.

[10]［美］弗兰克·J.法博齐，弗朗哥·莫迪利亚尼．资本市场：机构与

工具［M］. 唐旭，译. 北京：经济科学出版社，1998.

［11］［美］哈特. 法律的概念［M］. 张文显，等，译. 北京：中国大百科全书出版社，2003.

［12］［美］华莱士·E. 奥茨. 财政联邦主义［M］. 陆符嘉，译. 南京：译林出版社，2012.

［13］［美］杰里米·阿塔克. 新美国经济史［M］. 彼得·帕塞尔，罗涛，等，译. 北京：中国社会科学出版社，2000.

［14］［美］理查德·A. 波斯纳. 法律的经济分析［M］. 蒋兆康，译. 北京：中国大百科全书出版社，1997.

［15］［美］理查德·A. 马斯格雷夫，佩吉·B. 马斯格雷夫. 财政理论与实践［M］. 邓子基，等，译. 北京：财政经济出版社，2003.

［16］［美］罗伯特·D. 李，罗纳德·约翰逊. 公共预算系统［M］. 曹峰，等，译. 北京：清华大学出版社，2002.

［17］［美］罗伯特·齐普夫. 市政债券运作［M］. 叶翔，王琦，译. 北京：清华大学出版社，1998.

［18］［美］曼昆. 经济学原理［M］. 梁小民，梁砾，译. 北京：北京大学出版社，2009.

［19］［美］维托·坦茨. 政府与市场［M］. 王宇，译. 北京：商务印书馆，2014.

［20］［美］约翰·罗尔斯. 正义论［M］. 何怀宏，等，译. 北京：中国社会科学出版社，1988.

［21］［美］詹姆斯·布坎南. 自由、市场和国家［M］. 吴良健，译. 北京：北京经济学院出版社，1988.

［22］［美］珍妮特·V. 登哈特，罗伯特·B. 登哈特. 新公共服务：服务，而不是掌舵［M］. 丁煌，译. 北京：中国人民大学出版社，2010.

［23］［日］吉村源太郎. 地方自治［M］. 何勤华，译. 北京：中国政法大学出版社，2004.

［24］［日］礒崎初仁等. 日本地方自治［M］. 张青松，译. 北京：社会科学文献出版社，2010.

［25］［意］彼得罗·彭梵得. 罗马法教科书［M］. 黄风，译. 北京：中国
政法大学出版社，1992.

［26］［英］边沁. 道德与立法原理导论［M］. 时殷宏，译. 北京：商务印
书馆，2015.

［27］财政部国家债务管理司. 国债工作手册［M］. 北京：中国财政经济
出版社，1992.

［28］柴剑虹，李肇翔. 说文解字［M］. 北京：九州出版社，2001.

［29］陈共. 财政学［M］. 北京：中国人民大学出版社，2015.

［30］陈新民. 德国公法学基础理论［M］. 北京：法律出版社，2010.

［31］崔建远. 债法总论［M］. 北京：法律出版社，2013.

［32］丁伯康. 新型城镇化政府投融资平台的发展转型［M］. 北京：中国
商务出版社，2014.

［33］方福前. 公共选择理论［M］. 北京：中国人民大学出版社，2000.

［34］冯兴元. 地方政府竞争［M］. 南京：译林出版社，2010.

［35］何德旭，高伟凯. 中国债券市场：创新路径与发展策略［M］. 北京：
中国财政经济出版社，2007.

［36］何显明. 市场化进程中的地方政府行为逻辑［M］. 北京：人民出版
社，2008.

［37］李昌麒. 经济法学［M］. 北京：中国政法大学出版社，2007.

［38］李萍. 财政体制简明图解［M］. 北京：中国财政经济出版社，2010.

［39］李萍. 地方政府债务管理：国际比较与借鉴［M］. 北京：中国财政
经济出版社，2009.

［40］刘剑文，熊伟. 财政税收法［M］. 北京：法律出版社，2009.

［41］刘剑文等. 中央与地方财政分权法律问题研究［M］. 北京：人民出
版社，2009.

［42］刘茂林. 中国宪法导论［M］. 北京：北京大学出版社，2009.

［43］刘尚希，傅志华. 新型城镇化中的财政支出责任［M］. 北京：经济
科学出版社，2015.

［44］卢现祥. 新制度经济学［M］. 武汉：武汉大学出版社，2011.

［45］吕忠梅，陈虹．经济法原论［M］．北京：法律出版社，2008.

［46］马骏，赵早早．公共预算：比较研究［M］．北京：中央编译出版社，2011.

［47］潘功胜，马骏．市政债市场与地方政府预算约束［M］．北京：中国金融出版社，2014.

［48］漆多俊．经济法基础理论［M］．北京：法律出版社，2008.

［49］任际．财政法理论研究［M］．北京：法律出版社，2016.

［50］沈宗灵．法理学［M］．北京：北京大学出版社，2014.

［51］盛洪．现代制度经济学（下卷）［M］．北京：北京大学出版社，2003.

［52］时红秀．财政分权、政府竞争与中国地方政府的债务［M］．北京：中国财政经济出版社，2007.

［53］孙国华，朱景文．法理学［M］．北京：中国人民大学出版社，2015.

［54］唐云锋．地方治理创新视角下的地方政府债务危机防范研究［M］．北京：中国言实出版社，2014.

［55］万立明．中国共产党公债政策的历史考察及经验研究［M］．上海：上海人民出版社，2015.

［56］万鹏飞，白智立．日本地方政府法选编［M］．北京：北京大学出版社，2009.

［57］王朝才．日本财政法［M］．北京：经济科学出版社，2007.

［58］王传纶，高培勇．当代西方财政经济理论［M］．北京：商务印书馆，1995.

［59］王佃莉，张莉萍和高原．现代市政学［M］．北京：中国人民大学出版社，2015.

［60］王利明．债法总则研究［M］．北京：中国人民大学出版社，2015.

［61］王玮．地方财政学［M］．北京：北京大学出版社，2013.

［62］王雍君．中国公共预算改革：从年度到中期基础［M］．北京：经济科学出版社，2011.

［63］王泽鉴．债法原理［M］．北京：北京大学出版社，2013.

[64] 魏加宁等. 地方政府债务风险化解与新型城市化融资［M］. 北京：机械工业出版社，2014.

[65] 肖鹏. 公债管理［M］. 北京：北京大学出版社，2010.

[66] 谢多. 市政债券融资实用手册［M］. 北京：中国金融出版社，2015.

[67] 徐丽梅. 地方政府基础设施债务融资研究［M］. 上海：上海社科学院出版社，2013.

[68] 姚建宗. 法理学——一般法律科学［M］. 北京：中国政法大学出版社，2006.

[69] 张海星. 公共债务［M］. 大连：东北财经大学出版社，2008.

[70] 张雷宝. 公债经济学——理论·政策·实践［M］. 杭州：浙江大学出版社，2007.

[71] 张千帆. 国家主权与地方自治——中央与地方关系的法治化［M］. 北京：中国民主法制出版社，2012.

[72] 张文显. 法理学［M］. 北京：高等教育出版社，2011.

[73] 张文显. 法哲学范畴研究［M］. 北京：中国政法大学出版社，2001.

[74] 章江益. 财政分权条件下的地方政府负债——美国市政公债制度研究［M］. 北京：中国财政经济出版社，2009.

[75] 郑少华. 生态主义法哲学［M］. 北京：法律出版社，2002.

[76] 中国地方财政研究中心等. 中国地方财政发展研究报告——地方政府融资平台发展研究［M］. 北京：经济科学出版社，2012.

[77] 中国社会科学院语言研究所词典编辑室. 现代汉语词典（第6版）［M］. 北京：商务印书馆，2012.

[78] 中华人民共和国财政部预算司. 财政部代理发行2009年地方政府债券问题解答［M］. 北京：中国财政经济出版社，2009.

[79] 周沅帆. 城投债——中国式市政债券［M］. 北京：中信出版社，2010.

[80] 周志刚. 论公共财政与宪政国家——作为财政宪法学的一种理论前言［M］. 北京：北京大学出版社，2005.

[81] 朱大旗. 中华人民共和国预算法释义［M］. 北京：中国法制出版社，

2015.

二、中文论文类

［1］《地方公债与地方经济的发展》课题组. 发行省级地方政府公债若干问题的思考［J］. 财政研究，1999（11）.

［2］财政部预算司. 国外地方政府债务规模控制与风险预警［J］. 经济研究参考，2008（22）.

［3］蔡国喜. 市政债信用评级制度构想［J］. 中国金融，2014（7）.

［4］蔡玉. 财政分权、中央税收攫取与地方政府债务扩张［J］. 财经问题研究，2016（9）.

［5］陈绍方. 地方自治的概念、流派与体系［J］. 求索，2005（7）.

［6］陈羲，于国龙和霍志辉. 地方债务危机时中央政府提供救助的主要权衡因素探讨［J］. 债券，2013（11）.

［7］陈新平，王丹. 国外地方政府举债监管模式及启示［J］. 中国财政，2014（13）.

［8］陈治西. 政府间财政关系视角下的地方债法律规制路径［J］. 财会月刊，2013（10）.

［9］成涛林. 基于地方债管理新政视角的中外地方政府债务管理比较研究［J］. 经济研究参考，2015（39）.

［10］大公国际资信评估有限公司课题组. 地方融资平台的发展阶段、矛盾特征及转型模式［J］. 债券，2014（11）.

［11］戴传利. 我国地方政府债券融资法律监管程序问题研究［J］. 学术界，2016（6）.

［12］邓晓兰，廖凯. 中央政府监管下的地方公债融资制度构想［J］. 当代经济科学，2004（3）.

［13］杜仲霞. 公共债务法律制度研究［D］. 安徽大学博士学位论文，2014.

［14］冯兴元，李晓佳. 论城市政府负债与市政债券的规则秩序框架［J］. 管理世界，2005（3）.

［15］傅智辉. 地方债发行制度分析及改革建议［J］. 新金融，2014（4）.

[16] 傅智辉. 中国市政债券市场监管制度研究 [D]. 财政部财政科学研究所博士学位论文, 2014.

[17] 龚强, 王俊, 贾珅. 财政分权视角下的地方政府债务研究: 一个综述 [J]. 经济研究, 2011 (7).

[18] 辜胜阻, 刘伟和庄芹芹. 新《预算法》与地方政府债务风险防控 [J]. 社会科学战线, 2014 (10).

[19] 郭维真. 地方举债权与财政联邦制的思考 [J]. 河南省政法管理干部学院学报, 2007 (3).

[20] 郭智. 国外发行市政债的经验及启示 [J]. 财政研究, 2014 (5).

[21] 候合心. 地方国债转贷资金管理的理论与实践探讨 [J]. 地方财政研究, 2008 (1).

[22] 胡承槐. 关于国家权力来源的三种政治哲学的比较分析 [J]. 浙江社会科学, 2004 (4).

[23] 胡鸿高. 论公共利益的法律界定——从要素解释的路径 [J]. 中国法学, 2008 (4).

[24] 胡建淼, 刑益精. 公共利益概念透析 [J]. 法学, 2004 (10).

[25] 华国庆, 汪永福. 论地方债预算的制度逻辑与规范控制 [J]. 学术界, 2015 (2).

[26] 华国庆. 地方债危机: 中央政府 "救" 与 "不救" 的权衡 [J]. 武汉大学学报 (哲学社会科学版), 2015 (3).

[27] 黄桦. 我国地方政府公债发行与运用的研究 [J]. 中央财政金融学院学报, 1993 (2).

[28] 黄韬. 央地关系视角下我国地方债务的法治化变革 [J]. 法学, 2015 (4).

[29] 贾康, 李炜光. 关于城市公债问题的探讨 [J]. 财贸经济, 2002 (8).

[30] 贾康, 梁季. 配套改革取向下的全面审视: 再议分税制 [J]. 中共中央党校学报, 2013 (5).

[31] 姜长青. 我国三次发行地方债券的历史考察——以财政体制变迁为视

角〔J〕. 金融理论与实践，2010（4）.

［32］蒋媛. 我国地方政府自主发债的法治化思考〔J〕. 地方财政研究，2015（1）.

［33］黎江虹. 新《预算法》实施背景下的预算权配置〔J〕. 税务研究，2015（1）.

［34］李金龙，章彤. 国际经验视域下我国赋予地方政府举债权的可行性探讨〔J〕. 武汉大学学报（哲学社会科学版），2012（4）.

［35］李经纬. 新预算法及其配套政策法规实施背景下的地方融资平台转型与发展〔J〕. 中央财经大学学报，2015（2）.

［36］李立新. 城镇化建设中城投债融资若干法律问题研究〔J〕. 法治研究，2014（3）.

［37］李琦，王亮. 地方政府破产与财政重建的一般过程分析〔J〕. 社会科学战线，2011（5）.

［38］李艳. 新预算法下地方政府性债务管理的方向〔J〕. 国际金融，2014（12）.

［39］李升，王冬. 地方债改革：现状、问题与对策〔J〕. 经济与管理评论，2016（1）.

［40］林力. 地方政府市政债信用评级制度研究：印度的经验及启示〔J〕. 地方财政研究，2015（7）.

［41］林力. 印度地方政府债务融资研究：规模、结构及监管实践〔J〕. 南亚研究季刊，2015（1）.

［42］刘瀚波. 美国地方政府破产制度探析〔J〕. 经济与管理研究，2015（5）.

［43］刘华，余维彬和张云峰. 我国地方政府发债的可行性思考〔J〕. 财贸经济，2003（2）.

［44］刘剑文，耿颖. 新形势下人大财政监督职能之建构〔J〕. 河南财经政法大学学报，2014（1）.

［45］刘剑文. 地方政府发债权的现实可能性〔J〕. 法学，2012（10）.

［46］刘梅. 新《预算法》背景下地方政府债务治理思路和策略〔J〕. 西南

民族大学学报（人文社科版），2016（10）.

[47] 刘尚希. 地方政府性债务的法治之举 [J]. 中国财政，2015（1）.

[48] 刘胜军等. 敢不敢让地方政府破产 [J]. 中国经济报告，2013（7）.

[49] 刘晓凤. 美日法地方债制度的变迁及特点 [J]. 中国财政，2010（6）.

[50] 刘云中. 美国对市政债券的监管及其启示 [J]. 证券市场导报，2004（10）.

[51] 龙卫球. 债的本质研究：以债务人关系为起点 [J]. 中国法学，2005（6）.

[52] 马毅鹏. 地方政府融资平台转型路径：透视水利行业 [J]. 改革，2015（3）.

[53] 孟广林. 封建时代中西君权神化现象的比较研究 [J]. 中国史研究，2002（2）.

[54] 苗连营，程雪阳. 宪法学视域中的地方公债制度 [J]. 河南社会科学，2010（1）.

[55] 潘俊，杨兴龙和王亚星. 财政分权、财政透明度与地方政府债务融资 [J]. 山西财经大学学报，2016（12）.

[56] 彭健. 分税制财政体制改革20年：回顾与思考 [J]. 财经问题研究，2014（5）.

[57] 冉富强. 美国州宪法公债控制的方式、实效及启示 [J]. 政治与法律，2011（9）.

[58] 冉富强. 中央与地方举债权限划分的法治原则 [J]. 学术交流，2015（12）.

[59] 沈湘平. 人学视野中的秩序 [J]. 河北学刊，2002（2）.

[60] 孙德周. 经济法基础理论研究中系统科学应用初探 [J]. 法商研究，1999（5）.

[61] 孙海芹. 美国地方政府破产制度研究——兼议我国地方政府融资平台风险防控 [J]. 金融发展评论，2013（11）.

[62] 王柏杰. 地方政府行为与债务积累的理论逻辑 [J]. 经济学家，2014

（10）.

［63］王和山，韩文．国债转贷地方意义何在［J］．中国财政，1998（11）.

［64］王红建．地方公债、财政分权与宪政的实现［J］．河南社会科学，2009（2）.

［65］王珺，盛琰．宪法视野中的政府债务法律规制［J］．黑龙江省政法管理干部学院学报，2013（6）.

［66］王世涛，汤喆峰．中国地方债的宪政机理与法律控制［J］．华东政法大学学报，2013（2）.

［67］王志凯．中国地方政府性债务可持续管理的创新［J］．南京社会科学，2016（2）.

［68］王志勤．地方债务治理的法律路径探析［J］．上海政法学院学报（法治论丛），2014（3）.

［69］王哲．我国地方政府性债务风险约束机制研究［D］．财政部财政科学研究所博士学位论文，2014.

［70］魏陆．人大预算监督效力评价和改革路径选择［J］．上海交通大学学报（哲学社会科学版），2015（1）.

［71］温来成，彭羽和刘洪芳．强化我国地方政府举债融资约束机制研究——以美国地方政府破产机制为例［J］．中央财经大学学报，2014（9）.

［72］吴俊培．怎样认识市场经济下的财政职能［J］．财政研究，1993（10）.

［73］谢平，黄显林．关于中国地方政府债券发行审核制度演进的博弈分析［J］．财政研究，2012（5）.

［74］谢群．国外地方政府债券发行模式借鉴及启示［J］．地方财政研究，2013（6）.

［75］邢会强．地方政府发债的基础法律条件［J］．财政经济评论，2009（2）.

［76］熊鹭．市政债改革的三大关键——读《市政债市场与地方政府预算约束》［J］．中国金融，2015（2）.

［77］熊伟．地方债与国家治理：基于法治财政的分析径路［J］．法学评论，2014（2）．

［78］徐海波，施光群．市政债的法律问题［J］．中国金融，2011（4）．

［79］徐阳光．地方财政自主的法治保障［J］．法学家，2009（2）．

［80］徐杰．我国地方政府债务政策的三次转向及反思［J］．行政管理改革，2015（8）．

［81］薛军，闻勇．地方政府债务管理：模式选择与制度借鉴［J］．当代经济管理，2015（2）．

［82］闫敏．我国发展市政债券的必要性和可行性［J］．经济视角（中旬），2011（5）．

［83］杨开忠，荣秋艳．美国地方政府破产的经济因素初探［J］．广西社会科学，2015（4）．

［84］杨珊．论地方政府信用评级法律制度建设［J］．西南交通大学学报（社会科学版），2014（5）．

［85］杨松，张永亮．地方政府融资平台的发展方向［J］．法学，2012（10）．

［86］杨毓．关于通过市政债方式支持城镇化建设的思考［J］．金融纵横，2014（5）．

［87］叶玉民，黄壬侠．中国新型工业化与城市化互动机制研究［J］．西南民族大学学报（人文社科版），2004（6）．

［88］余晨阳，邓敏婕．市政债券：城镇化融资的新渠道［J］．学术论坛，2013（3）．

［89］曾红路．再论"大跃进"的历史成因［J］．南京大学学报（社会科学版），1998（4）．

［90］张建伟．地方债治理的宪政经济学分析［J］．法学，2012（10）．

［91］张建文．地方政府投融资平台公司债务风险治理的私法向度［J］．河南财经政法大学学报，2014（1）．

［92］张千帆．公共利益是什么？——社会功利主义的定义及其宪法上的局限性［J］．法学论坛，2005（1）．

［93］张谦煜. 新《预算法》实施与人大预算监督强化 ［J］. 地方财政研究, 2015 (1).

［94］张守文. 略论经济法上的调制行为 ［J］. 北京大学学报 (哲学社会科学版), 2000 (5).

［95］张维迎. 从中国改革看制度变革的演进特征 ［J］. 中国改革, 2003 (11).

［96］张亚秋, 赵英杰. 美国市政债券监管体系及其对我国地方政府自主发债监管的启示 ［J］. 金融监管研究, 2014 (6).

［97］张志华等. 法国的地方政府债务管理 ［J］. 经济研究参考, 2008 (22).

［98］赵全厚. 风险预警、地方政府性债务管理与财政风险监管体系催生 ［J］. 改革, 2014 (4).

［99］郑洁. 地方政府性债务管理与风险治理——基于新《预算法》施行的背景 ［J］. 宏观经济研究, 2015 (12).

［100］郑前程. 印度地方财政现状探析 ［J］. 理论月刊, 2003 (9).

［101］周波. 我国政府间事权财权划分——历史考察、路径依赖和法治化体系建设 ［J］. 经济问题探索, 2008 (12).

［102］周林彬, 何朝丹. 公共利益的法律界定探析——一种法律经济学的分析进路 ［J］. 甘肃社会科学, 2006 (1).

［103］周小付, 黄圣.《地方财政平衡法》视角下的地方债风险防控 ［J］. 湖南社会科学, 2013 (6).

［104］周小付, 李鹏. 政府举债权分解背景下的举债权和举债责任匹配 ［J］. 河北学刊, 2015 (6).

［105］朱大旗. 新《预算法》: 着力加强人大对政府预算全方位的审查监督 ［J］. 财经法学, 2015 (6).

［106］朱大旗. 新《预算法》面面观 ［J］. 中国经济报告, 2014 (10).

［107］朱小川. 我国地方政府债券的制度选择 ［J］. 证券市场导报, 2014 (1).

三、外文类

［1］ Ahmad E. , Albino-War M. & Singh R. Subnational Public Financial Management: Institutions and Macroeconomic Considerations ［M］. International Monetary Fund, 2005: 4 - 6.

［2］ Akokpari J. K. The Debt Crisis, the Global Economy and the Challenges of Development: Sub Saharan Africa at the Crossroads ［J］. Journal of Social Development in Africa, 2001 (16).

［3］ Anita S. K. In Defense of the Debt Limit Statute ［J］. Harvard Journal on Legislation, 2005 (42).

［4］ Aronson J. R. , Hilley J. L. Financing State and Local Government ［M］. The Brooking Institution, 1986.

［5］ Baber W. R. , Gore A. K. & Rich K. T. et al. Accounting Restatements, Governance and Municipal Debt Financing ［J］. Journal of Accounting and Economics, 2013 (56).

［6］ Bird R. M. Intergovernmental Fiscal Relations in Latin America: Policy Design and Policy Outcomes ［M］. Inter-American Development Bank, Sustainable Development Department, 2000.

［7］ Buch B. S. The Effect of Constitution Debt Limits on State Governments' Use of Public Authorities ［J］. Public Choice, 1991 (1).

［8］ Canuto O. , Liu L. Subnational Debt Finance and the Global Financial Crisis ［R］. The World Bank, 2010 (13).

［9］ Clinger J. C. , Feiock R. C. & McCabe B. C. et al. Turnover, Transaction Costs, and Time Horizons: An Examination of Municipal Debt Financing ［J］. The American Review of Public Administration, 2008 (38).

［10］ Cole A. Decentralization in France: Central Steering, Capacity Building and Identity Construction ［J］. French Politics, 2006 (1).

［11］ Freire M. , Petersen J. Subnational Capital Markets in Developing Countries: From Theory to Practice ［M］. World Bank Publications, 2004.

［12］ Freudenberg N. , Fahs M. & Galea S. et al. The Impact of New York City's

1975 Fiscal Crisis on the Tuberculosis, HIV, and Homicide Syndemic [J]. American Journal of Public Health, 2006 (3).

[13] Geoffrey B. The Political Economy of Public Debt [J]. Constitution Political Economy, 2012 (23).

[14] Gilbert M., Pike R. Credit Enhancement of Municipal Debt [J]. Canadian Public Administration, 1995 (38).

[15] Goldstein M. M., Woglom G. Market-based Fiscal Discipline in Monetary Unions: Evidence from the US Municipal Bond Market [M]. International Monetary Fund, 1991.

[16] Green C. From "Tax State" to "Debt State" [J]. Journal of Evolutionary Economics, 1993 (3).

[17] Hanson R. Perspective on Urban Infrastructure [M]. Washington D. C.: National Academy Press, 1984.

[18] Hildreth W. B., Zorn C. The Evolution of the State and Local Government Municipal Debt Market over the Past Quarter Century [J]. Public Budgeting & Finance, 2005 (25).

[19] Hjertholm P. Foreign Aid and Development: Lessons Learnt and Directions for the Future [M]. Finn Tarp Press, 2000.

[20] Inman R. P. Public Debts and Fiscal Politics: How to Decide? [J]. The American Economic Review, 1990 (2).

[21] Inman R. P. Transfers and Bailouts: Institutions for Enforcing Local Fiscal Discipline [J]. Constitutional Political Economy, 2001 (12).

[22] Kimhi O. Chapter 9 of the Bankruptcy Code: A Solution in Search of a Problem [J]. Yale Journal on Regulation, 2010 (27).

[23] Litvack. J., Seddon J. Decentralization Briefing Notes [M]. World Bank Institute, 1999.

[24] Liu L. Strengthening Subnational Debt Financing and Managing Risks [J]. Review of Economic Research, 2010.

[25] Longstaff F. A. Municipal Debt and Marginal Tax Rates: Is There a Tax

Premium in Asset Prices? [J]. The Journal of Finance, 2011 (3).

[26] Loviscek A. L. , Crowley F. D. Municipal Bond Ratings and Municipal Debt Management [J]. Public Administrations and Public Policy, 1996 (60).

[27] Metcalf G. E. The Role of Federal Taxation in the Supply of Municipal Bonds: Evidence from Municipal Governments [R]. National Bureau of Economic Research, 1991.

[28] Miyake H. A Time of Change for Japan's Local Government Debt Market [J]. Nomura Journal of Capital Markets, 2009 (1).

[29] Nice D. C. The Impact of State Policies to Limit Debt Financing [J]. Publius: The Journal of Federalism, 1991, 21 (1).

[30] Noel M. Building Subnational Debt Markets in Developing and Transition Economies: A Framework for Analysis, Policy Reform, and Assistance Strategy [M]. World Bank Publications, 2000.

[31] O'Connor J. The Fiscal Crisis of the State [M]. Transaction Publishers, 1979.

[32] Plekhanov A. , Singh R. How Should Subnational Government Borrowing Be Regulated? Some Cross-country Empirical Evidence [J]. IMF Staff Papers, 2006.

[33] Poterba J. M. , Rueben K. State Fiscal Institutions and the US Municipal Bond Market [M]. University of Chicago Press, 1999.

[34] Rodden J. , Eskeland G. S. & Litvack J. I. Fiscal Decentralization and the Challenge of Hard Budget Constraints [M]. The MIT Press, 2003.

[35] Schwarcz S. L. Global Decentralization and the Subnational Debt Problem [J]. Duke Law Journal, 2002.

[36] Sylla R. , Wallis J. J. The Anatomy of Sovereign Debt Crises: Lessons from the American State Defaults of the 1840s [J]. Japan and the World Economy , 1998 (3).

[37] Ter-Minassian T. Fiscal Federalism in Theory and Practice [M]. International Monetary Fund, 1997.

［38］ Wadadekar A. Municipal Bond and India ［J］. The Indian Chartered Accountant, 2011 (11).

［39］ Watkins K. Debt Relief for Africa ［J］. Review of African Political Economy, 1994 (21).

［40］ Webb S. B. Fiscal Responsibility Laws for Subnational Discipline: the Latin American Experience ［M］. World Bank Publications, 2004.

［41］ Wildasin D. E. Urban Public Finance ［M］. Routledge, 2013.

［42］ Wildasin D. E. Externalities and Bailouts: Hard and Soft Budget Constraints in Intergovernmental Fiscal Relations ［J］. Policy Reasearch Working Paper, 1997.

后 记①

　　漫长而短暂的博士学习生活已经进入尾声，曾无数次想过此刻的激动心境，然而人生毕竟应是水到渠成的，真正到来之时是这样一个不期而至的傍晚，淡然而平静。

　　永远难以忘怀的是考上博士的那个初夏，感恩我的导师任际教授给予我的包容和接纳，使我有机会开始博士学习，实现学术理想。博士的学习生活是一个持久的过程，在这个过程中学术问题的困惑和纠结时常令我辗转反侧。但是，在导师任际教授的悉心关怀和耐心指导下却都能一一化解，使我在学术的迷途中拨开云雾、如沐春风，在恩师的引领下始终坚持着团队的学术方向。恩师一直教导我要打好法学学习的基础并指导我阅读各类法学基础理论的书籍，使我对法学尤其是财税法学知识的认知和理解逐渐走向成熟。恩师既是我在法学学习道路上的引路人，也是我在对法学领悟的过程中的心灵导师。

　　在恩师的带领下，这篇博士学位论文从选题、开题、写作直至修改完成一步步走来凝结了恩师的心血。在论文选题阶段，恩师一次次指导我对选题进行分析并凭借丰富的学术研究经验和深邃的学术内涵最终选定了地方市政债法律制度一题；在论文开题阶段，恩师从研究思路、文献梳理到论文架构都给予了细致入微的指导，为今后这篇论文的写作奠定了扎实的基础；在论文写作阶段，恩师在研究方法、研究内容、研究结论等诸多方面又多次提出

---

　　① 本书"脱胎"于我的博士论文，内容进行了略微改动，故此后记基本上来自我的博士论文。

了颇具学术价值的修改建议，使这篇博士学位论文逐渐得以完善。可以说，这篇博士学位论文得以完成的每一步都凝聚了恩师的心血，她是值得我一生感恩、敬重和追随的好导师。

我也要感谢辽宁大学法学院的诸位博士生导师，感谢杨松教授、郭洁教授、徐阳教授、石英教授、张锐智教授对我博士学习的教诲，使我在求学的道路上不断成长。感谢法学院办公室的张晓飞老师和贺春辉老师，感谢你们对我博士学习期间的支持和帮助。

我还要感谢培养我的工作单位，辽宁石油化工大学。正是单位对我博士学习的支持才能有我今天学术道路上的进步。今后，唯有认真努力工作来回馈学校的栽培，以贡献自己应有的力量。

最后，我要感谢至亲和挚友。感恩父母多年来对我学业的支持，寒来暑往始终相伴；感谢此生挚爱王志鹏博士，于知己携子之手，于爱人呵护坚守；感谢吾儿王洛宣宝贝，你的成长见证了妈妈多年的付出，妈妈因此可以有能力告诉你，人生因努力而精彩，生命因努力而无悔；感谢好友安鑫女士在我人生顺境和逆境中给予的鼓励和无私帮助。

文至此不禁感怀毛泽东主席的诗句："天若有情天亦老，人间正道是沧桑。"人生无论闲适与挑战皆是一道美丽的风景，难得的是我们敢于选择和面对挑战。博士的学习注定是我人生的一座里程碑，今天的学成并不意味着结束，它是一段铭记的经历，使我从未遗忘初心；它是我人生新的起点，将激励我继续前行。

陈青鹤

2017 年 9 月